信仰と情熱

プロ伝道者の条件

大川隆法
Ryuho Okawa

改訂・新版へのまえがき

原著の『信仰と情熱』は、今から三十年近い昔、著者、三十三歳～三十四歳の頃の講義がもとになっている。幸福の科学教団が活動を開始して三～四年ぐらいの頃である。

内容的に、教団の運営上の呼称や、支援霊たちの位置づけに変更もあったので、いったん絶版にしていた。

しかし、最近の若手の信者には、本書の内容を全く知らない人たちも増えてきた。教団の初期に、私が純粋に、幸福の科学のあるべき姿を伝えていた様子や、その情熱には、普遍《ふへん》性も、永遠性もあるので、大幅に手を加えて、ここに新しく復刊することとした。

当会の講師やリーダーの心得が数多く説かれているが、一般の宗教修行者にとっても参考になるものと信じている。

二〇二〇年　四月十七日

幸福《こうふく》の科学《かがく》グループ創始者兼総裁《そうししゃけんそうさい》　大川隆法《おおかわりゅうほう》

まえがき

本書は実に厳しい書である。私の本音が語られている。幸福の科学の講師にならんとする人々への烈々たる言葉が刻み込んであるからだ。

怖れをいだく者は退くもよい。あなたの人間であるがゆえの甘えを私は責めはしない。しかし、一歩でも神仏に近づかんとする者は、ひるんではならぬ。本書を片時も手離してはならぬ。本書を枕頭《ちんとう》の書とせねばならぬ。

プロの修行者への道が、プロの伝道者への条件が、ここに語り明かされているのだ。

一九九〇年　十月三十日

幸福《こうふく》の科学《かがく》グループ創始者兼総裁《そうししゃけんそうさい》　大川隆法《おおかわりゅうほう》

信仰と情熱　目次

第2章 サンガの精神

第3章　心中の悪魔《あくま》と闘《たたか》え
――『悪霊撃退法《げきたいほう》』講義

第4章　栄光への道

――『悪霊から身を守る法』講義

第1章

信仰《しんこう》と情熱

1　救世運動に対する深い確信

本章は「信仰《しんこう》と情熱」という演題を選んでみました。

以前、私は、「伝道の精神」という話をしたこともありますが、あくまでも一般《いっぱん》の人を対象としたものだったため、ここではプロの修行者《しゅぎょうしゃ》・伝道者を目指す人を対象とした伝道・信仰に関する話をするつもりです。そこで、「信仰と情熱」という演題で述べたいと考えています。これは、「プロとしての信仰および情熱とはいったい何であるのか」という問いかけに答えるものになるでしょう。

まず、プロを目指す人々にとって本当に大事なことは、少なくとも、「いわゆる『宗教』において信心《しんじん》している」というようなレベルであってよいわけはないということです。「信心をすればお蔭《かげ》がやって来る」というようなレベルであってよいわけはありません。

ここで大事なことは、深い深い確信です。現時点において起きている、この真理の運動、救世の運動に対する深い確信というものが必要であると、私は思います。

そうした確信なくして生半可《なまはんか》な伝道に入ったところで、さまざまな反問を受け、疑問を提示されると、たちまちにして腰砕《こしくだ》けになる自分自身を発見することになるでしょう。

それは、真理そのものが悪いわけでもなく、伝道そのものが悪いわけでもなく、あくまでも、それに携《たずさ》わろうとしているところの、各人自身の心のなかにおける確信が足りないからであろうと思うわけです。

いや、この確信は、足りない、足りるということ以前に、すでに「阿羅漢《あらかん》」から「菩薩《ぼさつ》」への道を歩まんと決意している者にとっては、前提条件として要請《ようせい》されるものでありましょう。

そのことについて、言葉を換《か》えてさらに説明するならば、二千六百冊を超《こ》える真

●阿羅漢　仏弟子《ぶつでし》の到達しうる悟りの境地の1つ。幸福の科学の教えでは、阿羅漢の境地とは、一通りの反省が終わって心の塵《ちり》や垢《あか》が落ちた段階のこと。『太陽の法』『釈迦の本心』（共に幸福の科学出版刊）等参照。

理の書物の群れのなかで活字として読んできたことが、どれほどまでに自分のものとして分かっているかということなのです。

単なる一読者であるならば、「これはいいことが書いてある本だな」というところで終わるかもしれません。また、「ずいぶん勉強になった」と言うかもしれません。「なるほど。こんな世界があるのか。今後、これを参考にして生きていこう」と思うかもしれません。

けれども、プロとしての道を歩まんとしている人々は、そんなものでは足りないのです。もっと真剣《しんけん》に、書いてある事実そのものに対する素直《すなお》な驚《おどろ》きを感じなければ駄目《だめ》なのです。みなさまがたに、その言葉として書かれているものの、その真なる意味を知って驚いてほしいのです。その事実を言葉として読むだけではなく、「これが現実であるのだ」ということを、「救世の時代が、今、まさに来ているのだ」ということを知ってほしいのです。

マホメット（ムハンマド）の『コーラン』の思想を幸福の科学の思想と比べてみ

●**菩薩**　自己確立の段階を通過して、衆生済度《しゅじょうさいど》に立ち上がり、人助けを実践している人たちのこと。その境地は阿羅漢より上のものである。『太陽の法』『永遠の法』『釈迦の本心』（いずれも幸福の科学出版刊）等参照。

れば、はっきり言って、時代的に古く、現代的には通用しないレベルのものもあります。

ただ、そのくらいの教えであっても、イスラム圏《けん》においては、あれほど力を持ち、思想として広がっているのです。

その評価のよし悪《あ》しに対しては各人の考え方があるかもしれませんが、「政治そのものともかかわり、国民全員がその信仰のなかに生きている」という、その現実の力の大きさ、すなわち、一人残らず百パーセントの信仰を根づかせるところまで行っているということを知った上で、それよりもはるかに偉大《いだい》なる法が現時点において降り続けているということを知ったときに、私たちのなさねばならぬことが、いったい何であるかということに気づかなければなりません。

本当に大事な大事なことが、今、起きているのです。それが、活字として目の網《もう》膜《まく》に映っているだけであっては、まことに心もとないかぎりです。「その活字の意味を、魂《たましい》の奥底《おくそこ》で味わってほしいものだ」と考えるわけです。

2 「礼《れい》」――謙虚《けんきょ》な姿勢と、節度ある態度

さて、プロとしての使命に目覚めた人が取り組むべき「信仰《しんこう》と情熱の道」とはいかなる道であるのか、どのような心掛《こころが》けでもって考えを固めていかなければならないのかということについて語ってみたいと思います。

私は、『人生の王道を語る』本論において、「礼《れい》・智《ち》・信《しん》・義《ぎ》・勇《ゆう》」という五つの徳目をリーダーの条件として掲《かか》げました。この五つの徳目は、すなわち、伝道者としてプロを目指す人にとっても、それを理解し、実践《じっせん》に移していかなければならない徳目そのものでもあるわけです。

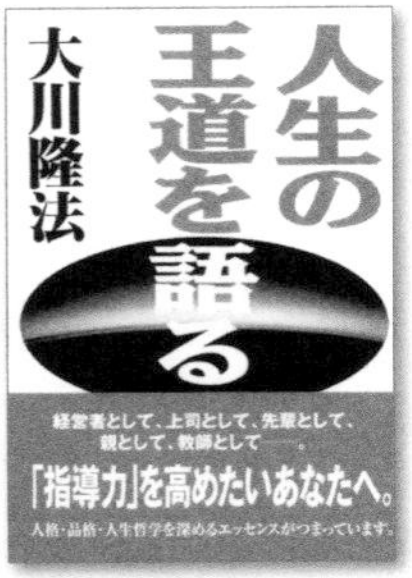

『人生の王道を語る』
(幸福の科学出版刊)

①大いなる存在への礼

その最初に出てくる「礼」の心、これは大事です。

この地上からいつ消えても構わないような有象無象《うぞうむぞう》の新興宗教と幸福の科学との違《ちが》いを、あえて言わせていただくとするならば、この「礼」の精神に始まるというところになければならないと、私は思うのであります。

すなわち、熱烈《ねつれつ》に「伝道したい」と思う人もいるでしょうが、その出発点において、自《みずか》らが修行者《しゅぎょうしゃ》であるという自覚を深く持たなければなりません。修行者とは、永遠の時間のなかを、自らの魂《たましい》の向上を目指して、これ、修行に努めている者のことを言うのであり、修行者、すなわち学びの途上《とじょう》に生きる者にとっては、自らが多くのものを悟《さと》っていくために、身につけていくために、「謙虚《けんきょ》な姿勢」と「節度ある態度」というものが必要となってくるわけであります。

この「礼」の心は、三種類に表れてこなければならないと、私は考えます。

第一の礼は、もちろんのことながら、大宇宙を司《つかさど》るところの大宇宙大霊《たいれい》、その大霊と同通する地球の至高神エル・カンターレに対しての礼です。また、この大霊の心を実現せんとして、実在界において現に仕事をなされている高級諸霊に対する「敬《うやま》い」の心であります。この心を忘れて修行もなく、また、この心を忘れて講師として人々に教えを説くなどというのは問題外のことであるのです。

「神仏など、そんなもの、何になる」「高級諸霊の言うことなど、そんなものは戯《たわ》言《ごと》である」「昔の人の語ることである」などと考え、自分自身の好みによって勝手にそれを使って話し、「自分が『まあ、これはいいだろう』と思うようなところだけを伝えればよいのだ。あとは自分の人生観などを語っていればよいのだ」と思うような、そんな甘《あま》い心でもっては、当会のリーダーや講師は決して務まらないのであります。

あくまでも、「礼」の出発点としては、第一に、神《かみ》、仏《ほとけ》、神仏といわれるところの宇宙の中心、およびその側近くにあって使命を果たしている高級霊への「礼」と

●エル・カンターレ　地球系霊団の至高神《しこうしん》。地球神として地球の創世より人類を導いてきた存在であるとともに、宇宙の創世にもかかわるとされる。現代日本に大川隆法総裁として下生《げしょう》している。『太陽の法』『信仰の法』（共に幸福の科学出版刊）等参照。

いうものを持たなければなりません。尊敬の念、感謝の心を持たなければなりません。

この姿勢のない人は、幸福の科学のなかで一生懸命《いっしょうけんめい》に自己修行をしているつもりであっても、活動をしているつもりであっても、それは、残念ながら、羊の群れのなかに間違って狼《おおかみ》が入っていることと同じであるのです。

羊も狼も脚《あし》は四本です。口は一つです。目は二つ、耳は二つです。しっぽは一つです。外見では大して変わりがないかもしれません。しかし、現に羊の群れに狼が一匹《ぴき》入ったらどうなるかを考えてみてください。

これほどに、この第一の「礼」を持っているかどうかの違いは大きいのです。それは、自分自身がこのサンガに集《つど》えるかどうかという資格そのものにかかわってくるわけなのです。

②指導者への礼

では、第二の「礼」は、どこに向けられるべきでしょうか。

それは、地上に降臨《こうりん》した現成《げんじょう》の仏陀《ぶっだ》への礼です。

もし、真理を伝えるべき人が、現に霊天上界《てんじょうかい》において真理を送っている者と、その心境において違いがあるとするならば、霊天上界からの啓示《けいじ》は受けることができなくなるわけでありますから、地上における指導者と、霊界《れいかい》におけるところの指導者とは、その心は一つであるのです。

私の考えは、私の考えであって私の考えではありません。私の考えは、この地上を取り巻くところの霊実在界の九次元、およびそれ以降の世界まで一本のパイプでつながっています。

この事実を認められないという人は、それから後《のち》に活字となってきたものをいくら勉強したところで、残念ながら、真実の力とはならないはずであります。

●**九次元**　あの世（霊界）では、一人ひとりの悟りの高さに応じて住む世界が分かれている。地球霊界では、四次元幽界《ゆうかい》（地獄界は四次元の一部にある）から九次元宇宙界まである。九次元は救世主の世界であり、釈尊《しゃくそん》やイエス・キリストなどが存在している。『永遠の法』（前掲）参照。

また、現れてくるところの法の多様さ、また、さまざまな言葉や行動、その他の多様な現れ方があり、それらに対する疑問・疑念が出てくることもありましょうが、「しかし、待てよ」と思ってほしいのです。いったん踏《ふ》みとどまり、「今、三次元にありて生きているところの自分の理解力において、いったいどこまで分かるであろうか」ということを、どうか考えてほしいのです。

たとえ、現時点において理解できないことがあったとしても、それは、魂の成熟が後《おく》れているために分からないということはいくらでもあるのです。今、分からぬことであっても、半年たてば分かることもあります。一年たてば分かることもあります。遅《おそ》い人であれば十年もたってから分かることもあります。死んであの世に還《かえ》ってから分かる人もいます。

しかしながら、真理は真理であり、たとえ、その声が、思想が、理念が、九次元から降りてこようと、十次元から降りてこようと、その高みから降りてきたるものが三次元の人間にとっては受け止められないものであったとしても、しかし、それは、その真理を投げかけているところの高級霊界における責任では一切《いっさい》ないということを知らなければなりません。

彼らがわれらに合わせるということはないのであります。われらが彼らについていかなければならないのです。われらが、彼らの理念、思想を体現するためについていかなければならないわけです。

このことを間違えて、「自分自身で理解し、考え、納得《なっとく》する方向にだけ進めばよい」と思っている人は、残念ながら、この地上世界において小さな神となろうとしているということなのです。それも、霊的には三次元的悟りしか持たないような小さな神になろうとしているわけです。

この愚《おろ》かなるプライドというものを捨て去って、大きく胸襟《きょうきん》を開いたときに、偉《い》大《だい》なる教えは燦々《さんさん》と降り注ぎます。そして、それまで以上の大いなる幸福を感じるとともに、「目が開ける」という経験をするに至るのであります。

また、指導者への礼のなかには、ほかにも、現実にみなさまがたを指導しているところの私のみならず、私の周りにおいて私を補佐《ほさ》している者たちへの礼というものもあるでしょう。

こうした指導者に対する礼儀《れいぎ》を失った場合には、これまた野獣《やじゅう》と同じであって、野に放たれて活躍《かつやく》するのは結構であるが、幸福の科学の偉大なる伝道事業に参画《さんかく》する資格はないと言わざるをえないのであります。

ゆえに、今後、さまざまなことがあっても、まず神仏への「礼」の心、また、地上において指導している者への「礼」の心、これを忘れてはなりません。

③衆生への礼

そして、三番目において言わなければならないことは、伝道者がいまだ目覚めていない人々に仏法真理《ぶっぽうしんり》を伝えるに際しての「礼」の心であります。

たとえ、今、自らがその人々よりも心境的に一歩リードしていて、彼らはまだ目覚めていない状況《じょうきょう》であるとしても、しかし、また、彼らにも仏性《ぶっしょう》があり、神仏の子であるということは事実です。そしてまた、同じく、わがこの救世運動、われらが救世運動に集うべく予定されている人々であることは疑う余地がないのです。

その人々の今の心境はどうであろうとも、また、そのときがいつになろうとも、彼らもまた、この大いなる運動に参画してこなければならない人々であるのです。

そうした人々が、今、伝道しようとしているみなさまがたに対し、現時点においてどのような態度を取ったとしても、そのときに「礼」の心を忘れてはなりません。礼儀を忘れてはなりません。節度を忘れてはなりません。修行者として自戒《じかい》する心を忘れてはなりません。

みなさまがたは、あくまでも、真理に基《もと》づいて生きている人間としての、正しい意味での誇《ほこ》りを持っていなければなりません。そして、その誇りは、その香《かお》りのよってきたるところを自《おの》ずから示すに足るものでなければなりません。

みなさまがたの語る言葉の一つひとつが、表情の一つひとつが、行動の一つひとつが、そのなかに、真理を行《ぎょう》じている者としての煌《きら》めきを有していなければならないのです。

たとえ、どのような人が相手であろうとも、「真理というものが心のなかにびっしりと入っていて、常に自己を点検している」という、その感覚を忘れないでほしいのです。

しかし、伝道する際に、他の人々に対する「礼」の心を持てということは、決して、「軟弱《なんじゃく》であれ」と言っているのではありません。これは、断じて誤解してはならないところです。

みなさまがたは、礼儀正しい人間であるとともに、仏法真理の志《こころざし》の下《もと》に、強い人間でなければなりません。礼儀正しく、かつ、強い人間であるということは、両立しないことではありません。折り目正しく、社会の模範《もはん》となる人間として生きながら、かつまた、仏法真理の下において、強く、決して挫《くじ》けることなく、精神的にもタフであって、この真理を、真実を宣《の》べ伝え続けるという気概《きがい》を持っていなければならないのです。

その強さが、粗野《そや》なものであってはならない。
その強さが、野蛮《やばん》なるものであってはならない。
野卑《やひ》なるものであってはならない。
修行者として真なる意味での誇りに身を包んだならば、
決して、三次元的なる波動《はどう》のなかに引きずり込《こ》まれて、
苦難困難の伝道をしてはならない。
あくまでも折り目正しく、神の子、仏の子として生きている姿であって、
強くなければならない。
礼儀正しく、かつ、押《お》しの強い人間でなければならない。
折り目正しく、かつ、断じて諦《あきら》めず、断じて妥協《だきょう》しない人間でなければならない。
あくまでも柔和《にゅうわ》でありながら、
しかして、決して退《しりぞ》かない人間でなければならない。

そのような「礼」の心というものを、しっかりと持ってほしいのだ。

3 「智《ち》」――学習による真なる智慧《ちえ》

さらに、五つの徳目の二番目には「智《ち》」というものを挙げています。この「智」とは、まさしく、伝道者に要請《ようせい》されているところの学習そのものでありましょう。伝道のプロとしては、学習がいくらなされたところで十分すぎることはないとご存じでしょう。

この学習においても、無限の努力の余地があるのです。あえて無限と言っておきます。この世的なる時間においては有限かもしれませんが、みなさまがたが手に持っている時間、それはまだ時計的時間でしょう。その時計的時間は、さらに、伸《の》び縮みし、容積を持った、深い深い内容のある時間に変えていくことが可能です。そうした世界に入ったならば、みなさまがたの学習はこの世的なる日数の掛《か》け算だけで決まるようなものではなくなるのです。

一つひとつの仏法真理《ぶっぽうしんり》の言葉を、
深く考えよ。
深く行《ぎょう》じよ。
そのときに、それまでに気がつかなかった部分に気づくであろう。
今まで気がつかなかったところに気づき、
それが自分のものとなったときに、
これが「智」となるのだ。
真智《しんち》となるのだ。
真なる智慧《ちえ》となるのだ。
そして、そうした真なる智慧を多く持っていればいるほど、
優《すぐ》れたるリーダーや講師になることが可能であるのだ。

優れたる講師とは、右から左に同じことを伝えるだけの人ではありません。「この書物のここに、こんなことが書いてある」ということを語るだけの人ではありません。読めば分かる内容を、「人々は読む暇《ひま》がないだろうから、自分が代わりに話してあげる」というだけの人であってよいわけではありません。

そのなかに盛られている思想の一つひとつを深いところまで理解し、心のなかのダイヤモンドに変えていかなければなりません。心のなかの真珠《しんじゅ》に変えていかなければなりません。そして、そうした財宝を数多く持っているからこそ、人々の心のなかに宝石を宿していくことができるのです。人々の心のなかに真珠をつくり、ダイヤモンドをつくっていくことができるのです。

もし、自分自身の心のなかに持っている光がイミテーションの光であるならば、紛《まが》い物の光であるならば、他の人々を指導したところで、その心のなかから導ける光もまた、模造真珠の光であり、模造ダイヤの光でしかありません。

真実なるものは、深いところにその味わいがあります。

今は、実によくできた人工のダイヤモンドがあります。原材料に圧力をかけて本物と同じ硬度《こうど》につくられた、ダイヤモンドに似たものがあるでしょう。しかし、外見は、一見、同じもののようであっても、それを見た瞬間《しゅんかん》に本物ではないことが分かってしまいます。

それはなぜでしょうか。イミテーションのダイヤモンドは光りすぎるのです。ダイヤモンドに似すぎているのです。あまりにも直接的な光が出すぎているのです。あまりにもキラキラしすぎているのです。

なぜ、それほどキラキラしているか。それがイミテーションであるところの理由なのです。

本物というのは深いところから光が出ています。その深いところから出ている光は、決して、他の人々を挑発《ちょうはつ》し、他の人々を誘惑《ゆうわく》し、迷いのなかに引き込《こ》むような光ではありません。本物の光というのは、深いところから出ている、味わいのある光であり、それをしばらく眺《なが》めているうちに、必ずや、じわじわと引き込んでいくような魅力《みりょく》を持っているはずです。本物は、外に主張していく光ではなく、内に引き込んでいくような光を有しています。

この違《ちが》いを、はっきりと知らなければなりません。

外見的には優秀《ゆうしゅう》な講師のように見える人がたくさん出てくるでしょう。ところが、それが本物であるか偽物《にせもの》であるかは、その光を見れば分かるのです。「自分は光が強い」と誤解している人もいるかもしれませんが、その光の強さはつくられたものであり、似せられたものであることがあります。光を出そうとして一生懸命《いっしょうけんめい》につくってはいるものの、他の人々の目を刺激《しげき》し、他の人々に認められたいがための光であることがあるのです。これをイミテーションといいます。

本物はそうではありません。なぜならば、本物は自信を持っているからです。それは、ほかの人々の評価によって変わるものではありません。ダイヤモンドは、ダイヤモンドとして確固とした自信を持っています。「自分はダイヤである」というダイヤモンドとしての自信は、他の人々の評価によって左右されるようなものではないのです。

ゆえに、穏《おだ》やかで、にじみ出すような光が出ていて、長く見ていても飽《あ》きてこないのです。飽きない光が出ているのです。

ところが、イミテーションの場合には、一見、目を引いたとしても、短期間で飽きてきます。その違いを知らなければなりません。

要するに、あまりにも自己主張が強すぎるのです。その自己主張の強さのなかには、自分のことをダイヤモンドだと誤解させたいという気持ちがあるのです。そういう気持ちのもとにつくられたものであるからなのです。

しかし、現実に本物と偽物とでは値段が違うように、真実の値打ちというものは違うわけです。この違いは、仏法真理の理解を、単に技術的にのみ捉《とら》えているか、それとも心の糧《かて》として捉えたかの違いであるのです。

この世的に頭のよい人はたくさんいます。そうした人々は、比較《ひかく》的、短時間の、仏法真理の探究・学習によって一定のレベルまで行くことがあります。今、幸福の科学で行われているような試験であっても、簡単に一定のレベルまで行くことがあるのです。百点や九十点台といった点数を取ることも可能でしょう。

しかし、「外見はダイヤモンド等の宝石のようである」ということと同様に、そこからが大きく変わっていきます。それを自分自身のものとして理解しているか、単なる受け売りを上手にしているだけのことなのかという違いによって変わるわけです。

その違いは、短時間では分かりません。講師になって一回や二回ぐらい話しただけでは分かりません。聴《き》いている人にも分からないかもしれません。しかし、一年、二年、三年とたつうちに、違うものは「何かが違う」ということが分かってきます。本物であれば、だんだん味わいが出てきてよくなってくるけれども、偽物であれば、どこかで必ず偽物であるということを直感させられるようになるわけです。

それは、浅い理解で満足しているということ、そして、伝えている人自身が自分をごまかしているということです。

「自分の良心に忠実に」とは、このことを言うのです。自分をごまかしてはならないのです。自分をごまかして、外見だけをよく見せようとしては駄目《だめ》です。自分自身、良心に対して忠実に法の理解を進めていかなければなりません。そして、「理解できた部分、確信に満ちた部分を人々におすそ分けしていく」ということが大事であるわけです。

これが、みなさまがたが、幸福の科学の講師として立っていくために必要な「智」の部分であります。だんだんに味わいが出てくるような講師であってほしい。一見、人の目を引くだけではなく、だんだんに味わいが出てくる、深い味わいが出てくる、そういう講師であってほしいと思います。

4 「信《しん》」——神仏への真実の信仰《しんこう》

さらに、五つの徳目の三番目には「信《しん》」が挙げられています。

これは、一般《いっぱん》の人向けには「他の人々から信頼《しんらい》される」という意味として述べたこともありますが、幸福の科学の講師等にとっても、もちろんのことでしょう。他の人々から信頼されないような人であったならば、誰《だれ》がその話を聴《き》くでしょうか。それは当然のことです。

しかし、この「信」は、最初の「礼《れい》」のところで説明をしたのと同じく、当会のような仏法真理《ぶっぽうしんり》の団体において生きていく人間としては、やはり、第一義的には神仏への信仰《しんこう》というかたちで表れてこなくてはなりません。神仏への揺《ゆ》るぎなき無限の確信というものがなければなりません。

たとえ、人間の目には、この地上にあるところのさまざまな事物や人間の生き様、社会生活等が矛盾《むじゅん》に満ち、汚濁《おだく》に満ちたものに見えたとしても、その奥《おく》に、燦然《さんぜん》たる神仏の世界を見ていくような心が必要であります。その心なくして地上のユートピア化はできません。実は、この世界も、まったく違《ちが》う目から見れば、まったく違ったように見えるということを知らなければなりません。

英国の小説家であるディケンズの短編に『クリスマス・キャロル』というものがあります。

これは、意地悪く生きてきた金貸しのスクルージという男がクリスマス・イブに一種の霊的《れいてき》な体験をする話です。幽霊《ゆうれい》たちと会う体験を通して自分の過去・現在・未来を見せられ、深く悔悟《かいご》します。

そのとき、彼は、「これではいけない。もう一回、新生して生きていかなければならない。醜《みにく》い自分の過去であった。醜い自分の現在であった。醜い自分の未来であった。自分がわがままに生きてきたがために、こんなに多くの人々が苦しんできたのか。現に苦しんでいるのか。将来も苦しむのか。しかも、自分はこれほど多くの人々から愛を受けて生きてきたのか。ああ、もう一度、命があれば、どのようにでも自分の人生を再スタートさせることができるのに」と思いました。

すると、この間、彼には無限に近い時間が流れたように感じられたのに、やがてゴーストたちが去り、現実に目覚めてみると、まだクリスマスの朝だったのです。

そして、彼は道行く人々に明るい言葉をかけ、笑顔に満ちて、まったく別人のように生きる一日というものを経験するわけです。

そのように、この小説は宗教的観点から書かれた作品であると思いますが、意地悪なスクルージが経験したように、同じ世界であっても、同じ社会であっても、見る人の心が変わってしまうと、本当にまったく違ったように見えることがあります（ただ、悟《さと》りのレベルには到《いた》っていない）。

それまでは、お金に汚《きたな》く、他の人を信用することができずに、「自分が信用できるのはお金だけだ。人間なんか、誰一人信用できない。自分一人を護《まも》って生きねばならないのだ」と思っていたような人が、宗教的な回心《えしん》を経験すると、「世の中には、これほど素晴《すば》らしい人々が生きていて、お金などなくても、地位などなくても、ささやかに素晴らしいクリスマスを味わって、『神様、今年もありがとう』と思って生きている人たちがたくさんいる」ということを知って、「自分の見ている世界が違っていた。間違っていた」と気づくことがあります。このようなものなのです。

神仏が創られた世界は素晴らしいものであるはずなのです。それを素晴らしいものと見えなくなっているのは、一人ひとりが色眼鏡《いろめがね》をかけているからです。この世の人はみな色眼鏡をかけています。この色眼鏡を取り去って、真実の世界を見ようではありませんかと教えているのが、幸福の科学の活動であるのです。

難しいことを言っているのではありません。人々に、「あなたがたは、真理の世界を見るためには望遠鏡をもって見なければいけませんよ」というようなことを言っているわけではないのです。「望遠鏡を買って見てみなさい」と言っているわけではないのです。「みな、余計な色眼鏡をかけているので、それを外してごらんなさい」と言っているのです。

「眼鏡を外してみたら、世界は違って見えますよ。素晴らしく見えますよ。真実の世界は、愛と美、そして調和に満たされた世界です。この真実の世界が見えるようになるために、本来の心に立ち返らなければなりません」と言っているのです。

今、こういう意味での活動をしているわけです。

さすれば、リーダーや講師になろうとしているみなさまがた、一人ひとりが神仏への信仰というものをきっちりと持たなければなりません。

神仏は、この世界を「よかれ」と思って創られた。いろいろな魂《たましい》を創造された。そして、この魂たちが全員幸福に生きていくことを望んでいるのだ。進歩しながら調和し、素晴らしくなっていくことを望んでいるのだ。

こうした神仏の熱い熱い念《おも》いというものを、この体で、心で受け止めることこそ、真実の信仰です。「信」ということです。信ずるということであるのです。これを知らなくてはなりません。

「愛の大河《たいが》」に気づけ

「愛の大河《たいが》」という言葉があります。霊的に目が開けたら、もう、天《あま》の川《がわ》どころではありません。それ以上の巨大《きょだい》な愛の奔流《ほんりゅう》がこの全宇宙を流れているのです。この地球もそうです。地球を取り巻くところの実在界、そして地上世界も愛の大河なのです。光の大河がダーッと流れているのです。人々にはそれが見えないということが、見えないままに生きているということが、私は悲しい。そのことに気づいてほしいのです。

その愛の大河に気づいたときに、「ああ、信仰とは、なんと簡単なことであろうか。現に今、いや、今だけでなく無限の過去から続いてきて、これからも続いていくことが約束されている、この愛の大河に気づくという、こんな単純で当たり前のことであったのか。それに何の努力が要《い》るだろうか」ということを知るようになるのです。

愛の大河は、過去からずっと続いているのです。悠久《ゆうきゅう》の昔から涸《か》れることなく続いているのです。そして、今もその水が止まることはなく、これからも無限に続いていくことが約束されているのです。こんなにありがたいことはありません。みなさんがたが気づこうが気づくまいが関係ないのです。それを認めようが認めまいが関係なく、神仏の愛の大河は流れ続けているのです。

そのことを知り、そのなかに自分もまた生きていると知ること、これが真の信仰であるのです。

言ってみれば、みなさまがたは、愛の大河のなかを泳いでいる一匹《ぴき》のメダカなのです。

メダカたちはいろいろなことを言うでしょう。生まれたときから水のなかにいるので、これ以外の世界があろうはずもないと思うかもしれません。

しかし、メダカが気づこうが気づくまいが、そんなことにかかわりなく、愛の大河はその流れをやめず、その水を満々とたたえて流れ去っていくのです。そのなかにメダカは生きているのです。メダカがそれに気づこうが気づくまいが関係なく流れているのです。メダカにとってはそれ以外の世界はないも同然であるため、もとからこんなものだと思っているわけですが、それは、やはり創られた世界であるのです。

そのメダカよりも認識力のあるものとして、人間は、例えば「メダカを水のないところに置けばどうなるか」ということを実験してみせることもできます。それでも彼らが気づくかどうかは分かりませんが、「水があるのは当たり前ではない」ということを実験し、彼らに見せることも可能でしょう。

これと同じようなことを、高級霊は、やろうと思えば、人間の世界に対してもできるわけです。人間を試練のなかに置こうとすれば、置くこともできます。

あまりにもわがままの過ぎたメダカが多すぎる場合、時代によっては、「では、一時的に囲って川の水を減らしてみようか。それがどれほどありがたいものであるかが分かるだろう」というようなことがなされることも時折ありますが、それでも分からずに来たのが地上の人間です。過去の天変地異などは、みな、そういうことであったわけなのです。

さあ、メダカとして自分自身を見つめ、現在というものを見つめたときに、「自分は、どういう罪を犯《おか》したのだろうか」と考えてみてください。それは、愛の大河のなかに自分が生きているという単純な事実そのものを素直に認めようとしなかった、それだけの罪であるわけです。それだけのことで、やがて苦しみが訪《おとず》れてきたのです。

したがって、私たちは人々に難しいことを強要しているわけでもなく、自分たち自身に強要しているわけでもありません。その単純な、素直な事実に気づくということが大事であり、それを確信している人が増えれば増えるほど、他の人々もそのことに目覚めてくるのです。

そうした真理というものを確信したメダカがいればこそ、他のメダカたちも群れになってそのリーダーについていかんとするのです。真なる信仰が他の人々からの信頼を呼ぶことになるのです。真なる「信」が他の人々の信頼を呼ぶことになるのです。

こうして、もとなる「信」と、この世的なる「信」とが一致《いっち》するようになってくるわけです。

これが、リーダーとして己《おのれ》の心を磨《みが》いていくために必要なことなのです。

5 「義《ぎ》」――道理を見抜《みぬ》き、善悪を峻別《しゅんべつ》する力

それから、五つの徳目として、さらに「義《ぎ》」と「勇《ゆう》」が挙げられます。この「義」と「勇」のところが、まさしく、「信仰《しんこう》と情熱」という言葉のなかの「情熱」に当たるところだと、私は考えます。

情熱はどこから湧《わ》いてくるのだろうか。伝道の情熱はどこから湧いてくるのだろうか。それは、この「義」というところにかかわっていると、私は思うのであります。

「義」とは何であるか。物事の道理を見抜《みぬ》く力であります。また、それを正義と感じて、動かずにいられない心であります。これが「義」です。「義」とは、善悪を峻別《しゅんべつ》する力であります。

みなさまがたは、この善悪を知る力を強く持たなければなりません。善悪を峻別する力とは何であるかというと、「神仏の愛の大河《たいが》の流れを妨《さまた》げているものと、それを助けているものとの違《ちが》いを知る」ということであります。

愛の大河を妨げるものがあったら、流木があったら、土砂《どしゃ》があったら、どうなるか。一時期、水は、そこに混乱を起こすでしょう。逆巻《さかま》く波となって、やがて、そのせき止めたるものを押《お》し流していくでありましょう。私たちは、何がその流れをせき止めているかということを知らなければなりません。そして、本来の美しい川に戻《もど》していかなければなりません。

大雨の日には泥濁《どろにご》りの川となっていくでありましょうが、それは一時期の現象であって、真実の姿ではないと確信したならば、「本来の川に戻すためにはどうすべきであるのか」ということを知らなければなりません。

みなさまがたが、一匹《ぴき》のメダカであるならば、そんな泥濁りの川でよいはずがありません。氾濫《はんらん》し、泥濁りとなって、石や木が流れてきたり、さまざまな家屋が流されたりするような川で、棲《す》みやすいはずがありません。再び春の小川のような元のせせらぎに戻したいに違いありません。

それが、善悪を峻別し、悪を取り除いていく力となって表れてくるのです。

6 「勇《ゆう》」――神仏の心に基《もと》づく決断と、責任ある行動

もとなる素晴《すば》らしいものを取り返そうとするのであれば、勇気を奮い起こす必要があります。そこに、「義《ぎ》」から「勇《ゆう》」というものが出てくるのです。

勇気を奮い起こすとき、それが蛮勇《ばんゆう》とならないためには、その前に是非《ぜひ》の判断が必要です。正しいことと、そうではないことの区別が必要なのです。そうであってこそ、真なる勇気が出てくるのです。

この区別ができていない人の勇気は蛮勇でしかありません。あるいは、〝野獣《やじゅう》の勇気〟と言ってもよいでしょう。凶暴性《きょうぼうせい》にすぎないかもしれません。

善悪というものが理性的に峻別《しゅんべつ》できているからこそ、その力が一定の正しい方向に向けられて、問題の処理、解決へとなっていくわけなのです。

この「義」と「勇」が情熱の奔流《ほんりゅう》でなければなりません。

仏法真理《ぶっぽうしんり》を学んでいく過程では、いろいろな逡巡《しゅんじゅん》もあるでしょう。現実に、その途中《とちゅう》においては、いろいろな人々の悩《なや》みや、運営や活動に関してのさまざまな悩みが出てくるでしょう。そのときに、心を澄《す》まし、物事の是非というものをよく考えなければいけません。

どちらが正しいか。相手の言うことを聞いていると、言い分があるように思う。いろいろな考えがあるように思う。多様な考えがあるように思う。しかし、最後には結論を出さなければなりません。その結論は何に合わせるか。それは、大宇宙の根本仏《こんぽんぶつ》、至高神エル・カンターレの考えに合わせることなのです。

それまでには、逡巡することもありましょう。迷うこともありましょう。いろいろなことを考えつくこともありましょう。しかし、「そこに神仏の心が働いているとするならば、この結論を取る以外にない」ということを心に決めなければなりません。

このときに、それを妨《さまた》げるのが、己《おのれ》を利せんとする心、利我《りが》の心、自分を利しようとする私利私欲《しりしよく》の心です。これが邪魔《じゃま》をします。それから、他の人々の利害の心です。こうしたものが妨げます。

しかし、最後は、よくよく判断して、神仏の心に沿った生き方をしなければならないわけです。

そして、心がいったん定まったならば、万難《ばんなん》を排《はい》して、神仏の水路を開き、流していかなければならないのです。

この決断というものを、勇気を持ってなしていかなければなりません。勇気を持って決断をするのです。それまでの間、いろいろなことについて考えることも、みなさまがたにとっての魂《たましい》の糧《かて》にはなるでしょう。しかし、最後は決断をしてください。決断を下すことです。

何が仏法真理に近いことであるのか。二つのことで迷ったら、より仏法真理に近いほうを取りなさい。より神仏の心に近いほうを取っていきなさい。それが大事なことです。

そういうことを積み重ねるからこそ、次第《しだい》しだいに強くなっていくことができるし、ほとばしり出てくるエネルギーは、その光を、力を、ますます強めていくことになるわけです。

この「勇」というもの、勇気というものは、そうした正義の確信、また正しさの確信というものがあって初めて、強いものになっていきます。

したがって、強い勇気、勇ましい心が出てこないのであるならば、「どうやら、自分はまだ、判断し、決断するところに弱いものがあるのではないか」ということを問うてほしいのです。

幸福の科学において講師や、さまざまなリーダーを務めている人は、いろいろなことについて悩むこともあるでしょう。しかし、いつまでも悩んでいては駄目《だめ》です。それでは進みません。まったく進まないのです。

そのときに、自分に言い聞かせてください。「自分はもう十分に悩んだ。このへんで結論を出そう！」と思ってください。そして、神仏の心に基《もと》づいて結論を出してください。そして、行動をしてください。

また、それによって出た結果に関しては責任を取るという態度を取ってください。たとえ、どういう結果が出ようとも、自分は責任を取るということを覚悟《かくご》してほしいのです。まったく責任を取らないという考えではいけません。

物事の選択《せんたく》が分かれるところには、必ずプラス・マイナスの両面があります。どちらを取っても、プラスの面もマイナスの面も必ず出てくるからこそ、迷いが生じるのです。

しかし、いったん一つのものを取ったならば、そのプラスに賭《か》けたわけですから、「そのプラスを取ったことによって、たとえマイナスの面が出ても、自分はそれを甘《あま》んじて受け、さらに前進する」という気持ちが必要であるのです。

責任の取り方。これが大事です。自由には責任というものが伴《ともな》います。そうです。みなさまがたが、やりたい放題やればやるほどに、大きな責任を受け止めるだけの、器《うつわ》が、雅量《がりょう》が、必要となってきます。

責任の取り方が大事です。自由には責任が伴います。みなさんが、やりたい放題のことをやればやるほど、大きな責任を受け止めるだけの器が、雅量が必要となってきます。

善悪の判断がつかない人は、その背景に、往々《おうおう》にして、「責任を取りたくない」という心があります。


よく自分自身に問うてください。

なぜ結論が出ない。なぜ決断が出せない。

それは、責任を取りたくないからではありませんか。

勇ましく責任を取ることです。


責任を取り、それを単なる重荷や重圧とすることなく、さらに、己自身の魂を、精神を鍛《きた》えて、一歩も二歩も前進する方向に使っていかなければならないのです。そうであってこその勇気です。

責任を取らない勇気など、こんなものは勇気ではありません。そうでしょう。自分が相手に絶対に勝てるときだけ、絶対に得をするときだけ、ものすごく獅子《し》奮迅《ふんじん》をするなどというのは、本当の勇気ではありません。「たとえマイナスのことが己に降りかかったとしても、あえて受け止める」という器が必要です。そうであってこその勇気であると思うのです。

以上、徳を形成する「礼《れい》・智《ち》・信《しん》・義・勇」という五つの徳目に沿って、プロとしての考え方について説明をしました。

こうした考え方の下《もと》に、よきリーダーとして、「信仰《しんこう》と情熱とは何であるか」ということを、身をもって世の人々に示すような人であってほしいと思います。

第2章

サンガの精神

1　出家《しゅっけ》の精神

一年は三百六十五日ありますが、魂《たましい》の飛躍《ひやく》するときというのは、この三百六十五日、それぞれの日に満遍《まんべん》なくあるわけではありません。やはり、そのなかでも特別に魂の向上する日があるのです。そのようにメリハリがあるのが、一年の本当の姿であると思います。

幸福の科学の研修や講演会といった機会は、まさしく、一段と魂が飛躍するときであるわけです。こういうときにこそ、思いっ切り自分を伸《の》ばしていくことが大事なのです。

そして、ひとたび得た実力や自信というものは、確固として自《みずか》らの内に根づくこととなり、ちょっとやそっとの風や雨で失われるものではないわけです。

そのようなときには、どうか、一年のうちでも自分が非常に大事な大事なときに直面しているのだということを知ってほしいのです。

本章では「サンガ（僧団《そうだん》）の精神」について述べるつもりですが、残念ながら、各人が自らの生活を支えなければならないという現代日本の状況《じょうきょう》にあっては、一年三百六十五日、研修ばかりを続けることはできない現実があります。

それは、おそらく、みなさんの多くが「やはり現代の文明生活を享受《きょうじゅ》したい」という気持ちを持っていることから出るところの代償《だいしょう》でありましょう。現代の日本で考えられる普通《ふつう》のレベルの生活をしていきたいと考えていることへの代償として、一年中、心の学習ばかりをすることができない、修行《しゅぎょう》を続けることができないようになっているのだと思います。

「出家《しゅっけ》」とは「家を出る」と書くように、本来、これは単に僧侶《そうりょ》になるという意味ではありません。もともとの意味は、文字どおり家を出ることであって、屋根の下に寝《ね》ないということであるのです。

みなさんのなかで、「家を出て屋根の下に寝ない」という人はまずいないでしょう。本来の出家は、野原に寝、洞窟《どうくつ》に寝、石の上に寝、というかたちで、普通の住居から離《はな》れ、毎日毎日、二十四時間を修行に打ち込《こ》む姿を言うわけです。そういう定義からすれば、誰《だれ》一人、出家している人はいないと言ってもよいのかもしれません。

このように多くの縛《しば》りのなかで生活している現代人であるからこそ、本来の出家の精神を取り戻《もど》すには並大抵《なみたいてい》の努力では追いつかないということになるわけです。ただ、現今の情勢を考えるに、今、文字どおり家を出て、野原とは言わないまでも街角や町外れで生活したり、山のなかで生活したりするということが、はたして現代的修行の道であるかといえば、やはり疑問があります。

なぜならば、私たちが目指しているものは、一つの社会変革であり、一つのユートピア運動でもあるからです。その行動様式そのものが、やがて多くの人々にまねられるようになってくるわけです。

文字どおり家を出て、浮浪者《ふろうしゃ》にも似た生活をすることにおいて精神の高みを求めるというスタイルを、多くの人々が素晴《すば》らしいこととして追随《ついずい》するようになると、一種の社会的混乱、あるいは無政府主義的な動きにもなりかねないでしょう。それは、決して、私たちの考えているところの理想状態ではないのではないかと判断されるのです。

ゆえに、私たちは、現実のこの社会、時代の意味を十分に認識した上で、時代の潮流に乗り遅《おく》れることなく、そのなかにおいて修行の意味を究《きわ》め、出家の本懐《ほんかい》を遂《と》げることこそが、真なる修行であると思うわけです。

2　サンガとは何か

ここに、「サンガとはいったい何を意味するのか」という定義論が最初に出てこなければならないでしょう。

サンガとは「僧侶《そうりょ》の集団」という意味でありますけれども、この「僧侶の集団、あるいは出家者《しゅっけしゃ》の集団とは、どういう定義をなされるべきであるのか」「現在の幸福の科学においては、いかに定義されるべきであるのか」ということについて、まず述べたいと思います。

もちろん、今後、会の発展に相応した●さまざまな形態が出てくるでありましょうから、将来の発展形態に合わせてサンガの形態もまた整えられていくものだと思っています。

●今後、会の発展に相応した……　本法話が収録された当時の幸福の科学では「正会員」「誌友《しゆう》会員」制度が取られていたが、1994年6月からは、エル・カンターレ信仰を中心とした入信の儀式「三帰誓願式《さんきせいがんしき》」が始まり、信者の裾野《すその》が広がるのに伴《ともな》い、2007年からは「入会制度」も導入された。

第一の定義――職員、講師

現時点において、幸福の科学のサンガは、第一義的にはプロの集団という意味であって、幸福の科学の職員集団、ならびに講師団がサンガになるであろうと思われます。まず、そういう自覚をしてください。

こういう人たちはプロであり、明らかに一線を画さなければなりません。単に、仏法真理《ぶっぽうしんり》に感動している、あるいはそれに対して共感を持っているという段階ではなく、深い使命感に裏打ちされた、他の人々への模範《もはん》となるべき行動が要請《ようせい》されています。この人たちの行動そのものが幸福の科学を象徴《しょうちょう》するものになるのです。

第二の定義――三帰誓願者《さんきせいがんしゃ》、在家《ざいけ》リーダー

サンガの第二の定義としては、幸福の科学の三帰誓願者《さんきせいがんしゃ》ということになるでしょう。

「仏《ぶっ》・法《ぽう》・僧《そう》」の三宝《さんぽう》に帰依《きえ》することを誓《ちか》い、「正しき心の探究」をし、仏法真理の学習をし、そして、修行《しゅぎょう》に励《はげ》む人たちは、広義の意味での僧団、サンガに入ると言えるでしょう。

ただ、三帰誓願者のなかにも意識の格差はそうとうあると言ってもよいでしょう。したがって、そのなかでもサンガのメンバーであると言ってよいのは、現実に幸福の科学の実践《じっせん》活動のなかにある人々であると定義してもよいかもしれません。すなわち、「各種の学習の機会に参加し、また、伝道にも従事している、目覚めた人々」、これが第二義的なサンガの定義であろうと思います。

本来、サンガに入るには、出家の決意が必要です。幸福の科学における出家は、昔のような文字どおりの「家を出る」という意味ではありませんが、精神的なる出家が要求されるわけです。この精神的なる出家とは、三帰誓願者にあっては、仏法真理の実践活動に携《たずさ》わることをもって己《おのれ》の本務とするという自覚ができている人のことをいいます（編集注。在家《ざいけ》の活動家として熱烈《ねつれつ》・活発に伝道・布教《ふきょう》、植福《しょくふく》等に参加し、「在家菩薩《ぼさつ》」としての高い心境を維持《いじ》するプロレベルの方々も数多くいる)。

第三の定義――入会者および布教誌等の継続《けいぞく》的読者

サンガの第三の定義としては、緩《ゆる》やかな意味における幸福の科学のメンバーということでありましょう。少なくとも布教誌等を媒介《ばいかい》として、この仏法真理の団体と結ばれている人です。いわば魂《たましい》の糸がつながっているわけですが、実際、これには大きな霊的《れいてき》な意味があります。

例えば、自《みずか》ら意欲し、意図して当会の布教誌等を手に取って読み続けることに魂の喜びを感じるということは、それ自体がすでに非凡《ひぼん》なることであり、また非常なることであり、この世ならざるものがあると言ってよいでしょう。したがって、その精神態度において、この現実社会から一歩踏《ふ》み出したものがあり、広く緩やかな意味においては、彼らもまたサンガの一員であると考えるわけであります。

サンガに関しては、以上の三種類の定義がありえるのです。

3　プロ集団としての自覚

次に、第一類型としてのサンガ、プロの集団としてのメンバーについての私の考えを述べていきたいと思います。

まず、第一類型のサンガにおいては「プロ」という言葉を使いましたが、これはどういうことを意味するかというと、「自覚の強さが明らかに違《ちが》う」ということなのです。

いや、もっとはっきりと述べると、この本来のサンガのメンバーであるならば、街を歩いていたにしても明らかに違いがなくてはなりません。その風貌《ふうぼう》に、その雰《ふん》囲気《いき》に、その眼光に、その背中に、明らかに違ったものがにじみ出していなければならないと思うのです。

そうした聖なる雰囲気とでも言うべきものをまとっていなければ、プロとしての自覚はないに等しいと言ってよいでしょう。

今は、背広を着てネクタイをつけていたり、さまざまな洋服を着ていたりと、ごく普通《ふつう》の人と同じような姿をしていたとしても、霊的《れいてき》な目で見た魂《たましい》の衣装《いしょう》においては他の人と同じであってよいわけではありません。そこに、聖なるもの、高貴なる雰囲気というものをまとわなければなりませんし、本来、第一義的サンガのメンバーであるならば、その体の周りに後光《ごこう》を発しているぐらいでなければならないのです。

それは、実は、そう難しいことではないのです。

一年中、仏法真理《ぶっぽうしんり》のことから心が離《はな》れることなく、仏法真理の書籍《しょせき》を読み、各種の行事に出、また、自《みずか》らも講師になり、さまざまな指導者になろうと努力している人は、その心、驕《おご》らず平静であって、そして、常に神仏の心を己《おのれ》の心として生きているときに、必ずや全身から淡《あわ》い光が出ているのです。そうした状態にならなければばならないわけです。

そうした人の特徴《とくちょう》としては、会った瞬間《しゅんかん》に、柔《やわ》らかい、温かい感じがするのです。己自身の自覚の下《もと》に厳しい修行《しゅぎょう》をなしていることとは別に、他の人に対しては、柔らかい、優《やさ》しい光が出ていることが特徴です。

これに対して、厳しい修行に打ち込《こ》んではいるものの、外に出る波動《はどう》もまた厳しく、他の人々を拒絶《きょぜつ》し、他の人々を裁き、あるいは激しく非難するような波動が出ている修行者たちもいます。彼らは、間違った信仰《しんこう》に生き、間違った修行に打ち込んでいる人たちであります。その厳しさを自らを飾《かざ》るための厳しさとして使っている人たちであるわけです。

普通の人々ができないような修行に打ち込むことによって己を飾り、衒《てら》おうとする心があると、他の人に対して厳しい、冷たい氷のような雰囲気で接するようになっていきます。そうであっては、修行の目的は達せられていないと言わざるをえないのであります。

私たちは己に厳しく生きていかなければならないと同時に、他の人々に対しては温かい、愛の光でもって接するという気持ちが大事なのです。

また、修行の途次《とじ》においては、常々、「増上慢《ぞうじょうまん》からの転落を防ぎなさい」ということを言われています。

この増上慢の特徴の一つとして出てくるものは、「他の人から愛を奪《うば》いたい」という気持ちです。そのため、正直言って、その人と接していると心が安らぐということがありません。増上慢の人と話したり近くにいたりして、心が安らぎ、温かくなるということはありません。

それは、その人の側に行くとエネルギーを抜《ぬ》いていかれるようなものなのです。自然界の一部には、蚊《か》や蛭《ひる》のように、他のものの血液を吸い取って、自分の生命の力に変えていくものがいますが、ちょうどそのような姿になっていると言ってよいでありましょう。

したがって、自らが接する人々に対し、愛の波動を与《あた》える、柔らかい光でもってくるむということを、どうか常に肝《きも》に銘《めい》じておいてほしいのです。この点を注意しておくと、自分が間違った方向に行った場合にはよく分かるわけです。

4　自分を律する精神

さらに、サンガのなかにおいて生きていく場合に、どうしても必要な心掛《こころが》けを述べておきたいと思います。

それは、まず、「サンガのなかでの生活は一種の集団的生活であり、共同の生活であり、目に見えぬかたちでの一つの村が出来上がっているということを忘れてはならない」ということです。

現実には、いろいろな会社に勤めていたり、それぞれバラバラの地域、個々の家に住んでいたりするでしょうが、サンガに属するということは、霊的《れいてき》な目においては「一つの村のなかに属する住民たちである」ということなのです。

したがって、サンガの本義は、修行《しゅぎょう》を目指す者の集団のなかにあって、いかに、個人としても向上を目指しながら、全体としての発展がありうるかということに尽《つ》きるわけです。

そうしてみますと、このサンガのなかに暮らす修行者の自覚として各人に必要なものが幾《いく》つか浮《う》かび上がってきます。

その第一に挙げられるべきことは何であるか。それは「自分を律する精神」です。他の人から律せられるのではなく、他律的ではなく、自律的な生き方をするということが、まず大事です。

この自律的なる生き方は二つの面を含《ふく》んでいます。

一つは、宣《の》べ伝えられているところの法に基《もと》づいて自分を律するということであり、すなわち、それは修行の道そのものになるということです。法に基づいて生きるということは、法に照らしながら自己の生活を点検し、自分の考えを点検し、行動を点検することであり、これそのものが修行になるのです。これそのものが悟《さと》りへの道であるわけです。

自律的な生き方のもう一つの側面は、自律的であるからこそ、サンガのなかにおいてお互《たが》いに他の人々の修行を妨《さまた》げずに生きていけるということです。

もし、自律的なる存在ではなく、常に間違《まちが》いを指摘《してき》され、他の人々からの批判を受けなければ生活していけないようであったならば、どうでしょうか。

他の人々の修行を妨げるのは当然のこと、また、他の人々の心の調和を乱すことにもなっていくでしょう。混乱が大きくなると、サンガ全体の混乱となってきて、その間《かん》、他の人々の魂《たましい》の修行がたいへん妨げられることになるわけです。

ゆえに、お互いに注意し合う、間違ったところは批判するというような態度も、もちろん大事ではありますが、それ以前において、自《みずか》らを律していくという気持ちが大事です。これが、他の修行者たちが存分に修行できるための条件でもあるのです。他の多くの修行者たちに迷惑《めいわく》をかけることなく、彼ら独自の修行ができるようにするためにも、己《おのれ》を律していくという面があるわけです。

したがって、みなさんは、ある意味において非常に物分かりのよい人でなければなりません。物分かりのよい人でなければならないのです。自らが間違いを犯《おか》したとき、すなわち、間違った考えをし、間違った行動をし、これが真理に反したと思ったときに、多くの人々に迷惑をかけるような状態を引き起こすべきではありません。いち早くそれを悟らなければなりません。自らが間違いを起こし、混乱を起こしたことに気がついたならば、いち早くそのことを自分で認め、〝消火活動〟〝火消し活動〟に従事しなくてはなりません。物分かりのよい、気づくのが早い人でなければなりません。

この意味において、サンガのなかにある人であれば、己の誤りを認めることに決して躊躇《ちゅうちょ》をしてはならないのです。「己の誤りを認めることができる」ということ自体も、魂にとっては進歩を意味するわけであります。

モーセの霊言《れいげん》（霊訓《れいくん》）には、罪というものについて語られたなかに、「知って犯す罪と、知らずに犯す罪」というところがあります。そこでは、意外にも、通説とは逆に、「知って犯す罪は軽いが、知らずに犯す罪は重い」と言っていました。

考えてみれば、知って犯す罪の場合は、罪の自覚が己にあるからこそ、反省が一部に働いており、その罪を拭《ぬぐ》い去ることもそう難しくはないところがあります。しかし、己が気づかぬ罪を犯している場合には、その罪は非常に大きなものとなり、一生を通じても気がつかないままいけば、その間に多くの人を傷つけてしまうこともありうるわけです。

したがって、自らの過《あやま》ちを知るということは、それだけでも大きなことです。このところに気をつけなければならないのです。

また、これまでにさまざまな思想遍歴《へんれき》をしてきた人もいるでしょう。そのなかでも特に気になるのは、光明《こうみょう》思想系統で長く修行をしてきた人です。その場合、自らの過ちに気づかないことが非常に多いように思われます。これは、反省という訓練を十分にしてこなかったからなのです。

自らの間違いというのは、それをいち早く発見することによって簡単に直すことができますが、その間違いを認めないと、だんだん傷口が大きく開いていくことになります。

もう一つの流れとしては、他力《たりき》思想に長く入っていた人です。「祈願《きがん》、お祈《いの》りをすればうまくいく」といったかたちの信仰《しんこう》を長くしてきた場合、あるいは「先祖供《く》養《よう》をすれば救われる」というような教えに長く浸《つ》かってきた場合にも、自分を見つめることをあまりしない傾向《けいこう》があります。そして、幸・不幸の原因を自分以外のものに帰する傾向があるのです。神仏の責めに帰したり、先祖のせいにしたりするわけです。

そういった信仰において長く修行してきた人は、なかなか、「自分自身の思いと行いが現在の不調和をつくり出している」と分からないことがあります。したがって、過去のそのような信仰というものを、一度、清算して、新たに自己点検の道を歩んでほしいと思います。

このように、サンガのなかにいる修行者であるならば、自己の間違いを日々点検し、正していく修行を通さずしては不十分であると言わざるをえないのです。

これが「自己を律する」ということです。

5 謙虚《けんきょ》な心

修行者《しゅぎょうしゃ》の自覚として二番目に挙げておきたいことは、一番目とも関係しますが、「謙虚《けんきょ》な心」ということです。

謙虚さには程度の差も実力の差もないと思う人もいるかもしれませんが、実は、謙虚さにも実力があるのです。そのことに気づいていない人が多くいます。

「謙虚である」ということと「へりくだる」ということは必ずしも同義ではありません。へりくだりのなかには、「自分は、今、レベルを少し落として相手に接している」という気持ちがあります。「階段を少し下りて話をしている」という気持ちがあると思います。けれども、真の謙虚さとは、へりくだりとは違《ちが》ったものがあるわけです。

謙虚さを保つには①——大きな理想を持て

真なる謙虚さは、いったい、いかなるところから生まれてくるのでしょうか。
それは、第一には、理想の大きさから生まれてくるのです。人は、理想が大きければ、高ければ、その理想に到達《とうたつ》するまでの距離《きょり》の遠さを思って、「まだまだ、こんなことでは慢心《まんしん》していられない。安心してはいられない」という気持ちになるわけです。

ゆえに、謙虚になるためには、まず、本物の高い理想を持っておく必要があります。その理想が単なる思いつきであったり三日坊主《ぼうず》の理想であったりしては相成《あいな》りません。本当の意味での理想を高く持っていることは、謙虚さのためにはどうしても必要なことなのです。

謙虚さを保つには②——勤勉であれ

謙虚さを保つために必要なことの第二は、実は、「勤勉である」ということなのです。

謙虚さを忘れ、慢心しがちである人の特徴《とくちょう》には、たいてい、勤勉さを欠いているところがあります。

この「勤勉さを欠く」とは、いったい何でしょうか。

昔の記憶《きおく》を辿《たど》り、学生時代を振《ふ》り返ってみてください。「試験の前の日になって一夜漬《づ》けをする。一夜漬けでヤマが当たって、よい点が取れると、非常にうれしい。そして、そういうことを繰《く》り返す」という経験をした人もいるでしょう。

しかし、「一夜漬けをしてヤマが当たり、よい成績を出す」といったプロセスを繰り返していると、魂《たましい》の傾向《けいこう》がだんだんそのようになっていきます。すなわち、勤勉さというものが失われていくのです。

それで、たまたまよい結果が出ることもあるかもしれませんが、それは真なる実力とは違うところがあります。技術的な実力、要領的な実力であるわけです。

こうしたところで思いのほかの成功を遂《と》げることがあると、残念ながら、その後《のち》、本人にとっては魂の後退につながっていくことがよくあるのです。成功しなければよかったものを、成功したがゆえにこそ、魂が後退していくということはよくあるのです。

ゆえに、「謙虚さを知るためには、慢心から遠くなければならないが、慢心から遠くあるためには、勤勉でなければならない」という事実を知るべきです。

ちょっとした手柄《てがら》や、ちょっとした成功ですぐに有頂天《うちょうてん》になる人は、平均的なる実力ということに対し、あまり注意を払《はら》っていない人であるわけです。たまたま満《まん》塁《るい》ホームランが打てたとか、サヨナラホームランが打てたとか、そんな経験をすると、すぐに人間は、「柳《やなぎ》の下の二匹《ひき》目のどじょう」をいつも探すようになるものですが、これは非常に危険なことです。

やはり、修行者たるもの、「ここ一番」のときにだけ大きなヒットやホームランを打つことを願うのではなく、平均打率で勝負をするという姿勢を持っていなければなりません。たまたまうまいことヒットが出たとしても、それは、本当の意味での実力にはならないし、必ず、転落へのきっかけにもなっていくわけです。

自分の平均打率を知っている人は、そうそう大きく慌《あわ》てることはありません。

野球の打者であれば、一シーズンを通して三割を打てる人と打てない人というのが結果として出てきます。百試合以上もしていると、三割を打てる人は打てる人、打てない人は打てない人ということで、はっきりと結論が出てきます。三割を打つ力のない人は、前半に四割を打っていたとしても、後半に打てなくなったりします。

一方、本来の三割バッターであるならば、途中《とちゅう》に一カ月や二カ月のスランプがあったとしても、シーズンが終わってみると、結局、三割を打っているということがあります。

そういう意味では、自分の実力を知っているということが、スランプからの脱出《だっしゅつ》のために非常に有効であるわけです。一シーズンに自分はどの程度打てる人間であるかという実力を知っていることが、ときどき襲《おそ》ってくるスランプから脱していくためには非常に大事なことなのです。

すなわち、人生には上がり下がりの波がありますが、そうしたスランプを克服《こくふく》するためのいちばんの方法は勤勉さであり、勤勉さに基《もと》づくところの「人生の平均打率」を知っているということです。

勤勉なる人には明らかに平均打率が出てきます。自分が三割を打てる人か、三割五分を打てる人か、二割八分を打てる人かは、勤勉であればはっきりとします。しかし、勤勉ではなく、一時的な成功を求めている人にとっては、どういう結果になるかが分からないわけです。

かくのごとく、サンガにおいて修行をしている身であるならば、必ずや、「真なる実力で勝負する」ということを考えてほしいのです。

以上、謙虚さを保つためには一に理想、二に勤勉さであり、勤勉さは平均的打率を要請《ようせい》するということを述べました。

6　霊的《れいてき》な生活

守護霊《しゅごれい》の存在を自覚せよ

さて、修行者《しゅぎょうしゃ》の自覚として三番目に挙げておきたいことは、現在、どうしても霊《れい》的《てき》な世界とのかかわりを無視しては生きていけない状況《じょうきょう》にあるということです。

自覚しているといないとにかかわらず、熱心に修行しているみなさんであるならば、もはや、みなさんの守護霊《しゅごれい》は目覚めていると言わざるをえません。守護霊は必ず目覚めており、日々、みなさんを守護しているという状況があるわけです。サンガに生きる者として自覚して精進《しょうじん》しているのであれば、毎日、確実に守護霊は見守っているのです。

みなさんは、「自分の心の内は、他の人には分からない」と思っているかもしれません。「人の目に触《ふ》れぬところでは、どのように生きていても自分の自由である」と思っているかもしれません。

けれども、プロの修行者であるならば、実際には、毎日、守護霊が必ず見ているのです。この事実を知らなくてはなりません。

朝起きてから一日の、すべてを知っている人がいるのです。見つめているのです。そのことを心に描《えが》いておいてほしいのです。すなわち、守護霊の存在というものを、毎日の自己反省において自覚してほしいと思うわけです。

彼らは、手に取るがごとく、みなさんがたの思いと行動のすべてを知っています。まことに、「こんなことまで知っているのか」というところまで知っています。それは、やがてこの地上を去ったときに、みなさんがたが必ず教えられる内容にもなるのです。

そのような第三者の目で、自分はずっと見られているということを知ってほしいのです。己《おのれ》の心をコントロールしていく際においても、これは非常に大事なことだと思うわけです。

守護霊のシグナルを受け取る

そして、願わくば、自《みずか》らの守護霊の考えというものが分かるようになってほしいのです。

自らの心が調和され、体から淡《あわ》い光が出る状態が続いていくと、現在、自分自身の考えていること、あるいは、どう行動すべきかと思い悩《なや》んでいることへの指導がなされるようになります。

それは、上から落ちてくるように、ごく自然に入ってきます。「これをどうしようかな」と思っていると、ストンと落ちるかたちで入ってくるのです。そういうかたちで、自分の守護霊の答えを聞けるようになってきます。

守護霊という存在が明らかにみなさまがたを見守っているのです。

したがって、心を穏《おだ》やかにし、透明《とうめい》にし、できれば、『仏説《ぶっせつ》・正心法語《しょうしんほうご》』を唱えたり、あるいは仏法真理《ぶっぽうしんり》の書籍《しょせき》を読んだり、法話《ほうわ》の音声を聴《き》いたりしているような状態にしていってください。そのように、この世的なる波動《はどう》から遠い状態において、穏やかな気持ちでもって考えていると、卵が落ちてくるようなかたちで答えがポンと降りてきます。そして、「ああ、これが守護霊の答えだな」ということが分かるようになります。

このときに、自分自身の心のなかにしがらみのような執着《しゅうちゃく》がたくさんあっては、そうした答えを受けられることはありません。ですから、その状態においては、心が非常に平静であり、それを受け取れるかたち、受け身のかたちになっていることが必要です。

こういう体験ができるようになると、それまでに長く悩んだり考えたりしていたような事柄《ことがら》に関しても、非常に早いかたちで結論が出てきます。

何度も繰《く》り返して述べますが、結論を出す際には、自分なりの計算をあまりいろいろとしないことが大事です。

はかりごとをしすぎると、それに左右されるようになってくるので、自分の利害などをしばらく離《はな》れ、心を穏やかに透明にしていくことです。守護霊の答えが降りてくるのを待つ心境になってくると、ポトンと落ちてきます。そして、だんだん、これがいつも出てくるようになります。単に対話ができるというよりも、こういうかたちでの守護霊との交信が可能になってきます。

さらに、入ってきたその考えは自分の頭で考えたものではないということが分かるようになります。そのときに、「ああ、お答えいただいたな。ありがとうございます」という感謝の気持ちを持つと、体が熱くなります。体に熱い感じが来た場合には、守護霊とコンタクトができたということです。向こうも分かってくれたということなのです。これは非常に美しい体験です。

私自身も、こういう経験はずいぶんしています。

私は二十四歳《さい》のときに霊道《れいどう》を開いたわけですが、考えてみると、実はそれ以前にも霊体験はたくさんあったのだなと思うことがよくあります。振《ふ》り返ってみれば、そのとおりです。

自分が道を外しそうになったり、間違《まちが》ったことを考えたりしそうになるときには、ちょっと考えられないようなことが起きることがあるのです。邪魔《じゃま》が入って止まったりすることがありました。

その当時は、まだ霊道を開いていないので、なぜそのようになるのかは分からなかったものの、あるときなどは、「おかしいなあ」と思って、いつの間にか空を見上げていたこともあります。「誰《だれ》が、これを、こうしたのかな。なぜ、こんなふうにしたのかな」と思い、天を見上げたわけです。その後、何年かたって霊道を開くと、日蓮聖人《にちれんしょうにん》などがそれをしていたことなどが分かりました。

そのように、霊道が開いていなくても、いろいろな合図、シグナルが、直接、心のなかに現れたり、自分に出ない場合には人を介《かい》して現れてくることもよくあります。例えば、自分の友人や家族、あるいは久しぶりに会った人や、たまたま会ったような人の口から、思いもしない言葉がポンと出てくるのです。そういうかたちで教えられることがよくあるのです。

これは、心を開いていないと分からないのですが、心をよく開いていると、直接に来たり、人の言葉として間接的にポンと来たりします。また、人の言葉だけではなく、例えば何かを見ているとき、新聞を見ていても、テレビを観《み》ていても、あるいは道を歩いている途中《とちゅう》で動物を見ていても、ピーンと思うことが出てくるようになるわけです。このようなときには、霊的なインスピレーションがさまざまなかたちで始まっているのです。

プロの修行者であるならば、いずれ必然的にこういう体験をすることになるでしょう。これは、逃《のが》れることのできない体験ですが、慣れてくると、非常にありがたい体験であるのです。自分が何かしようとしていたことが違っているときには、自分の考えではないものがポンと入ってくることがあります。そのようなシグナルが出てきたりするわけです。

そうした天意、天の意志、守護霊の意志のようなものを読み取っていくことが大事です。大事に読み取っていくことです。

このときに、あまりに我欲《がよく》が強かったり、自分を護《まも》る気持ちが強すぎたりすると、読み違えてしまうので、どうか、気をつけて、素直《すなお》な心でもって受け取ってください。

悪霊《あくれい》の惑《まど》わしを見抜《みぬ》け

もちろん、守護霊のシグナルを受け取るに際しては、自分に悪霊《あくれい》が憑《つ》いているような状況ではありえないのは当然のことです。これは知っておいてください。悪霊を憑けていて、守護霊のシグナルが降りてくるなどということはありません。そのときには、これまた違ったものに翻弄《ほんろう》されるようになります。

したがって、よくよく自己を点検することです。そうすれば、今、自分に悪霊が来ているのか、守護霊が通信を送っているのかぐらいのことは分かるようになってきます。これが分からないようでは、プロの修行者としては失格です。悪霊とそうでないものの区別ぐらいはつかなければなりません。

このときに大事なのは、第三者の目でもって現在の自分を見ることです。第三者の目でもって現在の自分の置かれた状況を見たときに、それが守護霊の指導であるのか、悪霊の惑《まど》わしであるのかを判定できなければなりません。

心の状態が執着の塊《かたまり》のようになっているときには、たいていの場合、それはもはや、悪霊の声であると思って、ほぼ間違いがないわけです。

心の平静を保て

そのようなときに、第一に心掛《こころが》けなければならないのは「心の平静を保つ」ということです。

心の平静を保つための方法は、まず大きく言うとするならば、「最悪の事態であっても受け止める」という覚悟《かくご》を持つことです。これが必要でしょう。

「このような霊的な修行を積んでいる自分であるならば、さまざまな苦難や挫折《ざせつ》環境《かんきょう》において逆境が来ることは当然である。また、今、自分が精神的に参ったり、環境において逆境が出てきたりしたとしても、これらは修行者にとって魂《たましい》を磨《みが》くために与《あた》えられた環境であり、苦しい時期があっても、いつまでも続くものではない。この苦しい期間のなかにおいて、己がどれだけのものをつかみ取るかということが大事なのだ」というように、自分自身に言い聞かせ、覚悟を固めることです。どのような事態が降りかかってこようとも、これを平静に受け止める覚悟さえできていれば、何とか乗り切っていけるわけです。

魔が己の心のなかに入ってくるときには、たいてい執着があり、「自分は、これだけはどうしても手放したくない」というようなものを持っていることがあります。この執着に対して魔が来ていることが多いのです。

その際に、では、それが自分の手から離れたらどうなるのか、その事態ははたして受け入れられないものなのかどうかを、問うてみてください。

このときに、「いつでも、またゼロからスタートする」という気持ちを持っているならば、いち早く執着から逃れ、平静心を取り戻《もど》すことができます。

例えば、自分が会社の経営をしているとしましょうか。しかし、「赤字の状態が続いているために、給料は払《はら》えない。銀行の利子も払えない」といったことで悶々《もんもん》としていると、大変な執着になってきます。

「会社をやめるべきか。それとも、やめてしまったら何もかもおしまいだけれども、もっと続けていくうちに、よいことが出てくるのではないか。もう一頑張《ひとがんば》りすれば、もっとよくなるのではないか」といったことを考え、心は揺《ゆ》れに揺れるわけです。

しかし、こういうときにも、一つの達観が必要なのです。

自分の置かれた立場というものを第三者の目で冷静に見てみて、「どのような結論になったとしても、自分はまた生きていける。力強い再出発を切ることができる」と覚悟していると、心は安らいできます。

そして、この安らいだ心でもって、冷静に対策を立てていくのです。安らいだ心でもって、今、考えられる対策を立て、順番に実行していくわけです。月日がたつうちに、それは解決されていくでしょう。

このように、守護霊との交信というものにはまことに逆説的なところがあります。自らの心が平静であれば、どんどんアドバイスが与えられるような状況になるのに、心が執着に満ち、混乱し、麻縄《あさなわ》のごとくもつれ合っているときには、守護霊のアドバイスは受けられません。まことに不思議なことですが、そのとおりであるのです。

これが、イエスが教えたところの、「持てる者はさらに与えられ、持たざる者はさらに奪《うば》われる」ということとまったく同じことが、霊的現象として現れてきているわけです。まさしく、こういうことを言ったのではないかと思います。

そのようなときに、いち早く危機を脱《だっ》する方法を知ることです。

さっぱりした性格となれ

そして、今、述べたこととともかかわりますが、その際には、非常にあっさりした心を持つことをお勧《すす》めしたいのです。

心が執着でいっぱいになっているときには、非常にさっぱりとした、あっさりとした心を持とうとしてみてください。ここがいちばんの勘所《かんどころ》です。これは一つの技術論でもあるわけです。

さまざまなことであまり悩みすぎる人というのは、性格が粘着質《ねんちゃくしつ》で、こだわりが過ぎる人である場合が多いのです。

そういう人は、一度、さっぱりした性格になろうと思ってみることです。さっぱりした性格になろうと思うと、意外に、そういう精神態度を取るだけで悩みの霧《きり》が晴れていくことがあるのです。サーッと晴れていくことがあるのです。

そうすると、意外や意外、問題解決の糸口が次々と出てきて、それを積極的に考えているうちに、またインスピレーションがどんどん与えられるという状況が出てくるわけです。

みなさんに言っておきます。修行者として向上の道を歩んでいる人は、知らず知らずのうちに、かなり粘着質の性格になる恐れが強いのです。「向上したい、向上したい」と思っているところが粘着質の性格をつくり、どうしても手が放せない、握《にぎ》ったこぶしが解けないという状況になることが多くあります。

したがって、さっぱりした性格となって、時折、自分を縛《しば》っているものを洗い去る訓練をする必要があります。そうすると、楽な気持ちになって、もう一度、やり直すことができるのです。

年配の方であれば、さまざまなことで、心のなかを不安がよぎることになります。例えば、六十五歳の人であれば、「自分が働けるのは、あと何年だろうか。あるいは、何年か働けるとしても、病気になるかもしれない。病気をしたら、生活はどうしたらいいんだろうか。誰が自分の面倒《めんどう》を見てくれるのだろうか」などと考えていくと、いろいろな問題が頭のなかを駆《か》け巡《めぐ》り、現実に、今やらなければならないことさえ手がつかなくなってくるかもしれません。

こんなときには、ひとつ、さっぱりした性格になることも大事です。

「いまだ、自分の天命、寿命《じゅみょう》を知った人はいないではないか。通常、自分の寿命など、誰も知らないではないか。自分の寿命を知らなくても機嫌《きげん》よく生きているではないか。知らないからこそ機嫌よく生きていられるわけではないか。

だから、残りの人生があと何年であるかとか、その間にどんな病気をするかとか、生活の苦労があるかとか、いろいろと考えるけれども、まあ、考えたところで、それはどういうこともないし、世の中の老人はみな考えていることではないか。世の中の老人が考えていることを、修行者である自分がわざわざ考えたところで、いったい何になろうか。

それよりも、この仏法真理の道に入ったのだから、自分としては、残りの一日一日を、素晴らしい日々で埋《う》め尽《つ》くしていくことのほうが大事なのだ」

こう思ってしまえば、どうということはないわけです。

「もし、自分が危惧《きぐ》するような、恐《おそ》れるような事態が現れたとしても、そのときはそのときだ。世の中にはいろいろな人がいるわけで、自分を助けてくれる人もいるだろうし、助けてくれる人がいない場合、それが天命だとするならば甘《あま》んじて受けよう」という心があれば、執着もまたなくなるわけです。こういうことはいくらでもあるのです。

ですから、さっぱりとした性格を持っているということも大事です。時折、これを思い起こしてください。

以上、修行者の自覚として、三番目に「霊的な生活」についての話をしました。

7　サンガの精神

最後に、全体を総合して「サンガの精神」について語っておきたいと思います。幸福の科学のサンガに集《つど》っている人間は現代の希望であるということを、どうか忘れないでほしいのです。これは現代の希望そのものであるのです。

今の時代に、真面目《まじめ》に、熱心に仏法真理《ぶっぽうしんり》に取り組み、仏法真理の下《もと》に生きている人々がいるということは、まさしく、「この時代は神から見放された時代ではない」ということを意味しているわけです。こういう人々が生きているということ自体が、まだまだ、人類には未来があるということを意味しているわけです。

そして、願わくば、われらのごとく、仏法真理の下に集いて生活し、精進《しょうじん》する人々の仲間を増やしていきたいものだと考えています。

マホメット（ムハンマド）の教えを奉《ほう》ずるイスラム圏《けん》にあっては、百パーセント近くの人がその信仰《しんこう》を持っている。また、東南アジアの仏教国やインドのような宗教国においても、百パーセント近くの人に信仰がある。にもかかわらず、現代の日本においては、まともに質問してみれば、十人に一人か二人ぐらいしか信仰心を持っていないというような答えが出てくる。ことさらに水を向けて、やっと四割、五割の人が持っているようなことを言うかもしれないという状況《じょうきょう》である。

これは、まことに恥《は》ずかしい状況であります。

他の諸国においては百パーセント近くの信仰というものがすでに達せられているという状況を見るに、私は、この信仰というものは、日本においても、決して、二十パーセントの人、五十パーセントの人、八十パーセントの人という数字で止まるものではないと考えています。

この国、日本の国を挙げて仏法真理を学び、仏法真理の下に生きる。そういう時期をつくるのは可能なことなのです。

現に、古い教えではあっても、それが実際になされているところがあるわけです。それ以上の教えを奉じているわれらであるならば、日本の人々が百パーセント、この真理の下に集い、在家《ざいけ》であっても日々に修行《しゅぎょう》を続けるような時代にしたいものだと考えるわけです。そして、これは、必ずや可能なことであると思うわけです。

われわれの伝道は、まだメンバーが少ないうちにおいては、大変な苦難・困難を伴《ともな》うものかもしれませんが、共に道を歩く人が増えていくにつれて、だんだんに大きな広い道に出、大きな川に出、海に出るがごとく、堂々たる歩みになるでしょう。

そして、この仏法真理を信ずる人が全体の半分を超《こ》えたあたりから、「これは、信ずる人のほうが普通《ふつう》であって、信じない人のほうが普通ではない」と、世の人々が言う時期が来ると思うのであります。

このサンガにおいて実践《じっせん》されている生活が、やがて、私たちの生きている間に、この日本国中に、そして世界にと広がっている時期を夢見ているわけですが、必ずやこれは可能であるということを胸に刻んでほしいのです。

「全日本人が、また日本から広がっているところの世界の人々が、この仏法真理の下に集うことは可能である。その日を本当に可能にするために、私たちの現実の伝道活動があるのだ」ということを知ってください。

第3章

心中の悪魔《あくま》と闘《たたか》え

――『悪霊撃退法《あくれいげきたいほう》』講義

1　修行《しゅぎょう》の厳しさ

本章では『悪霊撃退法《あくれいげきたいほう》』（『大川隆法霊言《れいげん》全集　第43巻』〔宗教法人幸福の科学刊〕所収）をテキストとして選びましたが、これは『悪霊から身を守る法』〔宗教法人幸福の科学刊〕と共に、まさしく、プロの修行者《しゅぎょうしゃ》・伝道者を目指す人がこれから行わなければならない仕事はいったい何であるかを示しているものであります。

これまでは、私の説いた教えを主として知的に理解し、学習してきた人も、今日《こんにち》より、それは単なる紙の上の、紙切れの上のものであってはならず、一人ひとりの魂《たましい》の奥底《おくそこ》の悟《さと》りとならなければなりません。

確かに、知識としては理解もしたであろう。それを書くこともできたであろう。また、そのとおりに発表することも、ある程度、可能ではあろう。しかし、本当に分かっているのかということが問われているわけです。本当に分かっているかどうかは、一人ひとりの思いと行いそのものに出てくるのです。

もし、数多くの仏法真理《ぶっぽうしんり》の書物を読み、法話《ほうわ》を聴《き》いて、すでにある程度の悟りを得たと思っている人がいたとしても、現在ただいまの心が乱れ、不安定で、神の光を受けることができぬような状態であるならば、それらの学習は、いまだ実を結んでいないと言わざるをえません。

また、一時期、神仏の光を受けうるような心境に達したとしても、その心境を維《い》持《じ》することができなくば、過去の努力は水泡《すいほう》に帰することとなるのです。

したがって、プロにならんとしている人にとっては、まさに、これからがいよいよ厳しい局面に入るのです。「プロ」という言葉に、あまりにも現代的な響《ひび》きがあるとするならば、みなさんがたは、「心の教えにおいて、魂において、あとに続く人々を指導しなければならない立場となる」ということであり、「魂の師とならねばならぬ」ということです。

人の心を指導するということは、これは、とても厳しい修行でもあるということを知らなくてはなりません。

自分一人の悟りを求めている段階においては、
野狐禅《やこぜん》ということもありうるだろう。
しかしながら、ひとたび、人を導く立場に立ったならば、
「野狐禅、すなわち断崖絶壁《だんがいぜっぺき》より身命《しんみょう》を落とす」ということなのだ。
それは、三百六十五日のうちのたった一日とて、
その心許さば、すなわち、これ、地獄《じごく》である。
それを知らなくてはならない。
指導者たる者の、その厳しさを知らなくてはならない。
日々、地上よりはるかに高い空の上に張られたる綱《つな》を歩くがごとし。
また、白刃《はくじん》の上を歩くがごとし。

一瞬《いっしゅん》の気の緩《ゆる》みも、たちまち絶命につながることを知らねばならない。
ゆえに、これからこそ、厳しさというものがますます必要となってくるのだ。
安易な気持ちで指導者になってはならない。
いや、なるべきでもない。
また、自《みずか》らの名利《みょうり》や安楽を求めた、利益に揺《ゆ》さぶられる心でもって、
この道を歩んではならない。
それを強く強く言っておきたいのだ。

本来、修行というものは限りなく高みを求めて進んでいくものですが、高みを求めて進んでいくという、その修行の方向性が、ともすれば、己《おの》が心にあぐらをかき、「自分は人よりも優越《ゆうえつ》したる者だ」という気持ちになり、そこに慢心《まんしん》が始まることとなります。

もちろん、真剣《しんけん》に仏法真理を学んでいる人であるならば、決して、さまざまな悪

霊に悩《なや》まされている巷《ちまた》の人のような心境ではないと、私は信ずるものであります。しかし、普通《ふつう》の人々からは一段階も二段階も心の悟りが進んだように見える人であっても、最後まで残るものは、この修行の方向性そのものに伴《ともな》うところの慢心、増上慢の心です。もし、自らの内にその芽生《めば》えがあるならば、心して、芽のうちに摘《つ》んでしまわなければなりません。

指導者となるべき者は、その地位が高くなればなるほど、心を謙虚《けんきょ》にして、名利にとらわれず、また、執着《しゅうちゃく》を持たず、行雲流水《こううんりゅうすい》のごとき心を持たなければならないのです。

それは、単に道徳的戒律《かいりつ》のみではない。そうでなくば、自分自身の魂も危《あや》ういということを言っているのです。

この修行の厳しさについては、過去、講演で述べたこともあり、書物のなかで書いたこともあります。しかし、それは、冗談《じょうだん》ではないということを、言葉だけのものではないということを、真に厳しさが待ち受けているということを知らなくてはなりません。

『悪霊撃退法』のなかに書かれていることは、思想的に述べられていることではないのです。「そういう考えもありえる」ということではないのです。抽象的《ちゅうしょう》に「こんな、ものの考えがある」ということを言っているのではないのです。これは、みなさんがたを待ち受けているところの現実なのです。

そこに書かれているような悪霊あるいはサタンと言うべきものたちが、みなさんがたの心のなかに入ろうとして、その動きを活発化していくのです。

彼らも、単なる趣味《しゅみ》の範囲《はんい》で勉強している者などは、それほど相手にもしません。しかし、今、この地上に光の軍団をつくりて、仏法真理を弘《ひろ》めていかんとするわれわれであるからこそ、彼らにとっては大変な存在であり、「隙《すき》あらば、その動きを邪魔《じゃま》したい」と考えているのです。

あなたがたは、やがて、そのプロの厳しさということをまざまざと知るようになるだろう。
道場において竹刀《しない》で剣術の練習をしているうちは
命を奪《うば》われることもないであろう。
しかしながら、いったん免許皆伝《めんきょかいでん》を得て、真剣を腰《こし》に差して道場より出たとき、
もはや真剣勝負となるということを知らなくてはならない。
他の人々は、あなたがたを、剣を使えない人だとは思わないだろう。
そして、街には、
あなたがたのその免許皆伝が本当であるかどうかを
試《ため》したい人もいるであろう。
いや、そうしたものを広げさせまいとして、妨害《ぼうがい》する者も出てくるであろう。
これより後《のち》、命は幾《いく》つあっても足りないと思わなければならない。
そのような厳しい現実が待ち受けている。
あなたがたが光の天使になっているとはまだ言えない。

その可能性はあるであろう。
光の天使の領域に入り込《こ》んでいる人も、多少はいるであろう。
しかし、その道は、まだまだはるかに遠いと言わねばならない。
もし、あなたがたが第一段階の悟りを得て、
光の天使として、その輝《かがや》きを発揮することになったとしても、
私はあなたがたに言っておきたい。
あなたがたの前に立ちはだかっているものは、
それほど簡単なものではないということを――。

あなたがた一人の力では、残念ながら、私たちが全力を挙げ、総力を挙げて戦わんとするところの闇《やみ》の勢力には、とうてい勝てないのです。彼らには、それだけの数、それだけの歴史があるのです。現時点で、人類の半分以上を、本来の世界ではなく、地獄の世界へと誘《いざな》っている力を持つ彼らは、それほど生易《なまやさ》しいことでもって

撃退できないのです。

これより、鋼《はがね》のごとき心をもって、これらの魔を撃《う》ち破っていかなければなりません。方法論はさまざまにありましょう。しかしながら、その根本《こんぽん》においていちばん求められているものは、一人ひとりの魂の希《こいねが》うものがいったい何であるかということなのです。

2　己心《こしん》の魔《ま》との闘《たたか》い

その使命の偉大《いだい》さを知ったときに、自分に甘《あま》くあってはならない。自分を甘やかしてはならない。あらゆる誘惑《ゆうわく》から自《みずか》らを護《まも》っていかねばならない。

悪霊撃退《あくれいげきたい》という方法論は、別のかたちから見たところの「正しき心の探究」論でもあります。自らが、はたして正しき心を探究できているかどうかは、霊的な現象となって、明らかに目の前に現れてくるのであります。いくら、自らをどのように思っていようとも、現に、現象として悪霊が立ち現れて、わが身より離《はな》れず、わが心を翻弄《ほんろう》するならば、それがいったい何を示しているかを知らなければなりません。

それは、少なくとも、今、もはや悟《さと》っている状態ではないということを、彼らをして教えられているのです。

そう、悟りは、日々《ひび》、日々《にちにち》のものであり、一刻一刻のものであるのです。

『悪霊撃退法』において一貫《いっかん》して説かれているテーマは、「まず、己《おのれ》の内なるものを、しっかりと見届けなさい」ということです。

外にだけ、悪霊があると思うな。

悪《あ》しき原因があると思うな。

そのようなものを呼び込《こ》んでいるのは、自分自身のなかに棲《す》むところの「己心《こしん》の魔《ま》」である。

環境《かんきょう》に問題があることもあるであろう。

他の人々の問題もあるであろう。

しかしながら、すべての根源は、わが心の内にあり。

そこに手引きをする者あり。
その心中の悪霊と闘《たたか》え。その心中の魔と闘え。
一貫してそのように説かれているのであります。
そして、地上に人間として生きている以上、
心中の悪霊・悪魔が一匹《ぴき》もいない人というのは、残念ながらありえない。
彼らが眠《ねむ》っているということはある。
しかし、いないということはない。
たとえ、光に満ちた現実であっても、
それらのものが小さくカプセルのようなものに包まれて眠っているにすぎず、
このカプセルが開かれたときに、また心中の魔は現れ、
外なるものを手引きするようになってくるのです。
ゆえに、修行者《しゅぎょうしゃ》たるものは、
常に脚下照顧《きゃっかしょうこ》し、己の足元を見つめ、己の心のあり方を知らねばならない。

「反省は日々《ひび》のものである」とは、このことを言っているのだ。
反省は、それをなすことがよいことだからするのではなく、
「一人ひとりにとって、本当の命とも言えるところの
魂《たましい》の輝《かがや》きを護るためには、
反省を得ずして生きていくことはできない」
ということを言っているのだ。
これは、まとめてやるべきものではない。
日々、間違《まちが》った思いが出たならば、その時点で闘わなくてはならない。
この間違った思いに勝てなければ、
あなたがたは、肉体は持っていても、魂はすでに譲《ゆず》り渡《わた》したに等しい
ということを知らなくてはならない。
すなわち、自分のものでなくなっているということだ。
自分の魂を失い、他の者に翻弄されて、それで人間でありえようか。

そのような情けない自分であってはならない。

「心の王国を護れ」と、何度も何度も言ってきたはずである。

護らなければ、あなたがた一人ひとりが自分自身ではなくなると言っているのだ。

自分が自分でないものになって、それでよいのか。

自分を譲り渡して、それでよいのか。

それで、自分の人生を生きていると言えるのか。

そんなものであってはならぬことを、明らかに知らなければならない。

ゆえに、自らの心を見て、間違っているものが少しでも出てきたならば、断固として闘わねばならない。

それが、幸福の科学の信者になったということの証《あかし》ではなかったのか。


「一生を通じて、正しき心の探究をせよ」と言いました。それは、「正しき心」とは、山から掘《ほ》り出したダイヤモンドを手に入れるがごとく、金鉱をつるはしで掘って金を手に入れるがごとく、「手に入ったらそれで終わり」というものではないと言っているのです。たとえ、一瞬《いっしゅん》、手に入ることがあっても、それらのものは、護り通さなくては、磨《みが》き通さなくては、真実のものであり続けることはできないということです。

私たちの心のダイヤモンドは、その輝きは素晴《すば》らしいものですが、残念ながら、通常のダイヤモンドとは違い、三次元という世界のなかにさらされたときに、すぐに風化し、その周りに曇《くも》りをつくります。

ゆえに、磨き続けなくてはならない。自らのダイヤモンドが大きかったからといって、それのみで喜び、満喫《まんきつ》し、満足してしまってはならない。

実に実に、厳しい環境です。もし、自らの心のなかにダイヤモンドの塊《かたまり》を発見しえたとしても、そのダイヤモンドが炭化し、炭のごとくなって、指の間からこぼれ落ちるのに、さほどの時間はかかりはしないということなのです。

これが、「正しき心の探究」といわれているものの正体であるのです。

3　永遠の魂《たましい》の確信

この三次元の世界は、真実の魂《たましい》の生活の場としては、かなり厳しいものがあります。われわれは、主と従とを間違《まちが》え、従たるものを主と思い、主たるものを従と思うような、そんな生き方を、どうしても、どうしても、してしまうのです。われわれの魂が、この三次元において生存するための手段としてのものを、その支えとしてのものを中心に思ってしまう。そして、間違いを犯《おか》すこととなっていくのです。

それらはすべて、自己を肉体的に捉《とら》えていくところから生じ、また、肉体人間として生まれてよりこのかたの自分のみを、「真実の自分だ」と思うところから発生するのです。

本当に、生き通しの魂であるということを信じているのか。知っているのか。
もし、生き通しの魂であるということを、心底、知っているとするならば、
何ゆえに、目先のことに心をとらわれるか。
何ゆえに、自己保身に走るか。何ゆえに、自己顕示《けんじ》の心の虜《とりこ》になるか。
それは、すべて、
「この世に生まれてより後《のち》に自分がある」
というような思いから発生しているのだ。
過去、幾百転生《いくひゃくてんしょう》、幾千転生、幾万転生をしてきたわれわれであるならば、
生き通しのわれわれであるならば、
今世《こんぜ》の持つ意味がいったい何であるかを知らねばならない。
われらは、この短き今世において、
ささやかな自己実現などするために生まれてきているのではない。
そうではないのだ。

モナコ 国際映画祭2020 最優秀作品賞 受賞
（エンジェル・トロフィー賞）
最優秀主演女優賞 千眼 美子
最優秀助演女優賞 希島 凛 最優秀VFX賞
2カ国6冠達成！
エコ 国際映画祭2020 in ナイジェリア
最優秀作品賞
最優秀助演女優賞 希島 凛
受賞！
心の闇を、打ち破る。
心霊喫茶
「エクストラ」の秘密
—THE REAL EXORCIST—
製作総指揮・原作／大川隆法
千眼美子
伊良子未來 希島凛 日向丈 長谷川奈央 大浦龍宇一 芦川よしみ 折井あゆ
監督／小田正鏡 脚本／大川咲也加 音楽／水澤有一
製作／幸福の科学出版 製作協力／ARI Production ニュースター・プロダクシ
制作プロダクション／ジャンゴフィルム 配給／日活 配給協力／東京テアト
©2020 IRH Press cafe-extra.jp
2020年5月15日（金）ロードショー

はるかなる彼方《かなた》の世界に住み続けたわれらが、幾転生、繰《く》り返しながら、
この地上の多くの衆生《しゅじょう》たちを助けるために、導くために、幸福にするために
出てきたのであろう。
その幸福のためになす仕事は、名を欲《ほっ》しない。
その風に色がつく必要はない。
なのに、何ゆえに自分に帰せんとするか。
そういう心は捨てなくてはならない。
それは、短い時間を自分自身の生命だと思う、
そのような有限の発想から出ているものであるのだ。
われら、本来、無限のもの。無限界の世界から現れたるもの。
さすれば、この三次元のわずかな短い人生のなかで生起するところの、
さまざまな事どもに心をとらわれてはならない。
そんな小さな出来事で、そんな上がり下がりで、

負けてはならない。挫《くじ》けてはならない。
そこにこそ、己《おのれ》自身が本来の自己を自覚しているかどうかを試《ため》されている、
そう思わなくてはならない。
何ゆえに、人の評判などに心を動かされるか。
そのようなものが、千、万、百万、一億、集まったところで、何になろうか。
己自身が、魂の、本当の意味での満足を味わわずして、
何ゆえの人生であろうか。

徹底的《てってい》に、小さな自己と闘《たたか》うことです。「本当の主」が何であり、「本当の従」が
何であるかを見極《みきわ》めることです。
今世の自《みずか》らの名前など、たまたま転生してきた、〝一直線の人生〟から見れば
「点」のようなものです。それは一点なのです。そのような名前のあなたがあると
いうことは、これは一点にしかすぎないのです。こんなものに執《とら》われてはなりませ

ん。

その永遠の転生から見たならば、ほんの一瞬《いっしゅん》とも、束の間とも思えるこの現世において、神仏の輝《かがや》きを、その光の一端《いったん》でも担《にな》おうとする心を持たなければなりません。

「執着」といわれているものは、すべて、このような個我《こが》、個人の我、狭《せま》い執われの我、「生まれてより名付けられた自分」が自分自身だと思ってきたところの、この思いからすべてが発生しているのです。それを取ったときに何が残るかということ、これが大事なのです。

自分が、現在ただいま、名前なき者となったときに、それであっても、「自分は存在する意味があった」と思えてこその本物なのです。胸には名札がかかっているかもしれない。しかし、断じて、それだけに執われてはなりません。

悪霊撃退《あくれいげきたい》といっても、真実、神仏の心で生きている者に、悪霊は何らの手出しをすることさえできはしないのです。神仏の子として生きている人は、この三次元にあって、心、三次元にあらず、すでに高次元世界の住人となっているのです。

悪霊たちは、四次元にある、地獄界《じごくかい》より上の世界に入ることが許されません。それは、神仏の子として生きる者が、三次元に生きておりながら、もはや、心、三次元にあらず、その心、六次元、七次元、八次元、それ以上にあったときに、悪霊たちは触《さわ》ることさえできないということなのです。次元の違いとは、そういうことなのです。見ることもできず、触ることもできないぐらいの差があるのです。

霊の世界では、同じ空間に複数の者が同時存在できます。小さな一つの部屋のなかにも、四次元の地獄界をつくっている世界もあれば幽界《ゆうかい》もあります。五次元世界も、六次元世界も、七次元世界も、八次元世界も、九次元世界も、このなかにあります。同じ所にありながら触《ふ》れ合うことはできない、そのような魂の世界があるということです。

現在ただいま、悪霊に取り憑《つ》かれるような心境にあるということは、魂が四次元の地獄界のなかに足を差し入れているということです。あるいは、今、そのような間違った世界のなかに足を踏《ふ》み入れていて、自分自身は周りの世界を変えることができないでいるという現実があるということです。この空間のなかに、一点だけ自分が閉《と》じ込《こ》められていて出ることができないでいる。周りが違った次元のなかにある。こういう現状でもありましょうか。

現実に肉体に宿りて生きているという事実は厳粛《げんしゅく》なるものであり、あなたがたは、日々の闘いに、あるいは勝ち、あるいは負けることもあるでしょう。しかしながら、本来のものを、決して忘れてはならないのです。本来の世界というものを、決して忘れてはなりません。

そのために、悪霊撃退のためのさまざまな方法というものがあるのです。

4　心に隙《すき》をつくるな

信仰心《しんこうしん》を持ち、謙虚《けんきょ》な心で生きよ

『悪霊撃退法《あくれいげきたいほう》』では、高級諸霊がいろいろな方法論を語っています。悪霊を撃退する方法としては、例えば、「心に隙《すき》をつくらない」ということが挙げられますが、そのためには、「常に謙虚《けんきょ》な心で生きる」ということが大事です。

出発点にある一つの単純な教えだとて、はたしてあなたがたに守れましょうか。「心に隙をつくらない」と言われて、つくらないでいられましょうか。そのことの意味が分かりましょうか。「隙をつくらないために謙虚な心で生きる」と言われて、その言葉の真意がはたして分かりましょうか。どのような心が謙虚な心なのか、それがはたして分かりましょうか。

この謙虚な心を知るには信仰心《しんこうしん》が大事です。信仰心のない人は、真に謙虚になることは百パーセントありえません。ないのです。

信仰心なくしての謙虚さとは、他の人との相対の世界における謙虚さにしかすぎません。他の人との相対の世界、すなわち、「この世的に見て、自分より優《すぐ》れていると思える人、先輩《せんぱい》や上司や先生といわれる人と引き比べ、己《おの》が修行《しゅぎょう》はそこまで行っていないからこそ、一歩下がって物事を見る」という程度の、相対的な世界での謙虚さでしかないのです。

本当の謙虚さは、信仰心なくしてはありえないのです。絶対の神仏の心、大宇宙の心、真如《しんにょ》ともいわれるところの仏の実相の心を知ることなくして、謙虚さというものはありえません。それを間違《まちが》えてはならないのです。

仏の「法身《ほっしん》」「報身《ほうしん》」「応身《おうじん》」

人々の前に立っているところの私であっても、私の姿を見る人のなかで、私の本当の姿を見ている人は一人もいないということを知らなくてはなりません。

仏典《ぶってん》のなかにもあるように、仏の本当の姿を「法身《ほっしん》」といいます。私の法身を見ている人はまだ誰《だれ》もいないということです。

そして、この法身がさらに姿を変えたものとしての「報身《ほうしん》」（報身《ほうじん》）といわれるものがあります。

この報身とは、本来の法身がその姿を衆生に示すことができないがゆえに、仮に高級霊のような姿を借りて出てくるものをいいます。仮に如来《にょらい》や菩薩《ぼさつ》といった名前で現れることであり、釈迦《しゃか》如来であるとか、天照大神《あまてらすおおみかみ》であるとか、こういう名を借りて出てくる姿を報身といいます。

さらに、そういうかたちを取った高級神霊がごく稀《まれ》に地上に肉体を持つことがあります。これを「応身《おうじん》」といいます。地上の三次元世界に合わせて、その姿で出てきているということです。

仏に三相あり。そして、三種類の現れ方をします。

今、みなさまが見ている私は、この「応身」の部分です。この姿形《すがたかたち》を取って三次元に出てきている部分です。それは、普通《ふつう》の人とそう変わらないものがあります。そう変わらないように生きています。

しかし、その奥《おく》にある報身、法身は、みなさまがたの目には見えないはずです。これが見えないからこそつまずくのです。分からないのです。しかし、目を凝《こ》らして見なければならない。その言葉の奥にあるものを、法の奥にあるものがいったい何であるかということを知らなくてはならない。

言葉だとて、これも三次元のなかに翻訳《ほんやく》されたものにしかすぎません。言葉にならない、その奥なるものが何であるかを感じ取らなければなりません。

それを知ったときに、地上の人間の名前というものは消えざるをえないのです。自《みずか》らの小さな人生などというものは、うたかたのごときものとなるのです。水滴《すいてき》が川に落ちて、一時期、あぶくができるとしても、そのあぶくは本来のものではないでしょう。そのようなものとして感じるようになるのです。

こうして、大いなる宇宙の根本《こんぽん》の光と真実の前に、個我《こが》というものは、限りなく、無限に小さなものとなっていかざるをえないのです。そして、無限に小さきものとなったと思ったときに、実は、偉大《いだい》なるものと一体になっている自分があるのです。宇宙は「握一点《あくいってん》、開無限《かいむげん》」ともいわれますが、「握《にぎ》って一点の小さな自分になった」と思った瞬間《しゅんかん》は、またこれが宇宙大の神の体と一緒《いっしょ》になる瞬間でもあるのです。神仏の体の一部として、細胞《さいぼう》の一点として目覚めるためには、謙虚さが必要です。その謙虚さがあってこそ、神仏の体としての大きな仕事をなすことができるようになるのです。

信仰心なくしての謙虚さ、こんなものは百パーセントありえないということを言っておきます。

足ることを知れ

また、「他人《たにん》を介《かい》して隙をつくらない」ということも大切です。

自分一人にてあれば心に隙のできない人間であっても、他の人間の存在を介して、他の人間の行為《こうい》を介して隙をつくっていくことが多く、数の上では、むしろこちらのほうが主流であるかもしれません。

これに対しては、「足ることを知る」ということの重要さを知る必要があります。自分が偉くなるために今世《こんぜ》の人生があるのではない。人には、それぞれの姿形があり、思いがあり、働きがある。それらすべての働きがあってこそ、この神仏の世界は賑《にぎ》わっているわけです。その繁栄《はんえい》を描《えが》き出せているわけなのです。

さすれば、自と他が、この世的には違って現れているからといって、何ゆえにそれを不足に思うか。何ゆえにそれを不満に思うか。

「足ることを知る」とは、神仏の芸術表現であるところの個性を愛するということです。自らの姿は、その心の方向は、また個性は、他の人とおそらく違っているでしょう。その目には、他の人のほうがうらやましく見えることもあるでしょう。

しかし、私は言っておきます。神仏の芸術表現であるところの、神仏の魂《たましい》の個性の一部であるところの自分を、その個性を愛しなさい。愛するところに、「足ることを知る」という意味が真に現れてくるのです。

その真意が分かったときに、もはや、他の人が上だとか、自分が下だとか、他の人と比べてどうだとか、そんなことに思いは向いていかなくなるはずです。

「神仏の世界において、いちばん素晴《すば》らしいかたちが展開しますように」という心は、適材適所としての自らの立場を快く受け入れることになるでしょう。

このわが姿、このわが人生、このわが性格、いろいろなもののなかに一つの意味があり、そこに神仏の個性の表現があるとするならば、これを素晴らしき配剤《はいざい》と思って、このなかに真意を見いだし、そして、輝《かがや》ける人生を生きなくてはならないのです。

ここを間違うと大きな誤りになります。

企業人《きぎょうじん》としても同じことです。現代の日本に、巨大《きょだい》企業はいくらでもあります。何万人、あるいは何十万人を傘下《さんか》にするような巨大企業があり、そのトップがいます。傍目《はため》からは、そうした巨大企業のトップになりたいという気持ちで見られることもあるでしょうが、その心そのものが地獄《じごく》となって生きている人も数多くいます。しかし、小さな個人商店にあっても、夫婦《ふうふ》、調和し、心から光を出して、明るく幸せに生きている者たちもいます。

神仏の目から見たならば、どちらが大なるものであり、どちらが小なるものであるかは、これは議論をまたない。明らかなものです。心が調和され、明るい光の出ている者こそ大なるものなのです。

多くの人々の心に害悪を及《およ》ぼし、自らの立場に固執《こしゅう》し、そして、その権益と権限を広げんとして、権勢欲のままに生きている人たちの地獄的な心は、限りなく小さきものであります。それは、「同じ空間に現れることさえ失礼である」と言われるような心境であるわけです。「同じ魂が、同じ魂として、この空間に現れることさえ不合理だ」という姿であるのです。

あなたがたは、そのような虚《むな》しい幻影《げんえい》に心を奪《うば》われてはならない。目を奪われてはならない。

プライドの角《つの》を矯《た》めよ

指導者としての心構えは、まさに、よくよく注意を必要とするものです。この世において指導者といわれる者が数多くサタンに変わっていっていることを見るにつけても、これは言わねばならない。もし、あなたがたが、優れたる者であるならば、優れたる者であるからこそ、よくよく心せねばならない。

指導者となる人は、すべてみな、念も強く、プライドも高い。そして、それが傲《ごう》慢《まん》さを生み、やがてサタンになっていくこともある。恐《おそ》ろしいことです。

そんなことであるならば、むしろ指導者にならないほうがよい。心、平和に生きているほうを選ぶことです。むしろそのほうがよい。

指導者にならんとするには、それだけの厳しさがあるということを忘れてはなりません。

サタンにならないための心掛《こころが》けは、同時に、サタンから身を護《まも》るための心掛けでもありましょう。「自らの心を正しく保ち、光に満ちた生き方をする」という一般《いっぱん》原則がありますが、これは、本当に幾度《いくど》も幾度も繰《く》り返して考えなければならない原則であります。

「自らの心を正しく保ち、光に満ちた生き方をする」とは何であるか。

まず、さまざまな判断事で迷ったときには、神仏の心はどちらにあるか、いずこにあるかということを考えて、神仏の心に近い判断をしていくことです。

そして、心を平らかにし、言葉を穏《おだ》やかにして、他との争いを避《さ》け、淡々《たんたん》と自分の仕事や勉強に励《はげ》むことが大事であるのです。

また、お互《たが》いに信じ合う心を強くするということです。信じ合う心を強くしていくことが大事です。そして、すべてのものが愛し合う世界をつくっていかなければなりません。

信じ合う心を弱めるものは何であるかというと、各人の個我、個我のプライドです。プライドの角《つの》が出すぎるがために、共に相和していくことができなくなっていくのです。

その事実に気がついたときに、プライドの角を矯《た》めなさい。それを切り取りなさい。その角ゆえに他の人々と和していけないとするならば、角を矯めることです。そのくらいのことができなくてどうするか。角を切ったぐらいで死にはしない。その角のみを誇《ほこ》りに思う心を捨てることです。

また、間違いを犯《おか》したと思うならば、素直《すなお》に謝《あやま》ることです。素直に謝るという、それだけのことができないために、どれだけ多くの人々が、次から次へと間違いを重ねて、やがて深い地獄に堕《お》ちていることでありましょうか。

さらに、立場を変えるとするならば、「他の人の間違いに対して、どれだけ寛容《かんよう》になれるか」という心掛けも必要です。

人間は、自らが間違ったときには素直に詫《わ》びる心が必要です。そして、他の人の間違いに対しては寛容さをもって接することも必要です。

自己拡張欲を捨て、常に、謙虚に手堅《てがた》く確実な生き方、確実な考え方をしていくところに、地獄というものは決して生まれません。間違ったプライドによって地獄の領域をつくり、サタンに支配される人の多くに共通して言えることは、手堅さ、確実さというものがないということです。そして、虚飾《きょしょく》に心惹《こころひ》かれる、虚栄に惹かれるところがあります。

そこに常にあるものは焦《あせ》りです。「自己を満足させる結果が早く出ないと安心できない」という焦りであるわけです。

やはり、真理は謙虚に手堅く確実な生き方のなかにあります。自らを「違った段階にある」と思ったら、過去を点検し、反省、そして感謝へと導いていくことが大事なのです。

正義の剣《つるぎ》を抜《ぬ》け

また、人間としてできること、自分自身でできることは自分でする。自分の思いの間違いは反省する。自分の行いの間違いは神仏に詫びる。そして、また、他力《たりき》の力を得て、自らを善導してほしいという祈《いの》りもありえる。そして、現在ただいま苦しい環境《かんきょう》下にあっても、どうすることもできないときには、神仏を信じて、時を待つという生き方もある。そのようなことも大切です。

また、勇気を奮い起こして善の側に立ち、悪を増長させないために正義の剣《けん》を抜《ぬ》くことも、ときには必要です。これも大事な考えの一つです。あまりに弱々しい善人となりすぎて、それゆえに他の人に次から次へと悪を犯させてしまう人もいます。こうしたときに、勇気を持って正義の剣《つるぎ》を抜くことさえ、必要なときもあるのです。

幸福の科学は、その歴史のなかで、サタンたちから攻撃《こうげき》を受けたことが何回もあります。正直に言えば、いつも、三カ月に一回ぐらいは狙《ねら》われています（説法《せっぽう》当時）。どこかを攻《せ》めてきます。何度、こうしたものと戦ったか知らないでしょう。そうした戦いは、過去から続いてきたし、現在も続いているのです。いつもいつも、不信というものを中心にして、この幸福の科学の仏法真理《ぶっぽうしんり》の普及を邪魔《じゃま》立てせんとして現れてきています。

私は、ギリギリいっぱいまでは忍耐《にんたい》しています。限界を超《こ》えたときには剣を抜きます。

彼ら、ルシフェルやベルゼベフ、覚鑁《かくばん》といわれるような者などに、断じて負けるわけにはいかない。私は正義の剣を抜きます。

私たちは護らなければならないものがある。それらと徹底《てってい》的に戦わなければなりません。最後は、断固として負けるわけにはいきません。

そういう決意も必要であります。

5　心と肉体のバランスを整えよ

エドガー・ケイシーのところでは、一風変わった見地から議論がなされており、心と肉体のバランス、栄養・運動・睡眠《すいみん》・保養といったものが大事であるということが述べられています。

確かに、悪霊《あくれい》を呼び込《こ》む原因の一つに、現代人、都会人のストレスというものがあります。このストレスを上手に抜《ぬ》くのは大事なことであります。これを知恵《ちえ》といいます。

単に悪霊との戦いのみを考えるのではなく、自《みずか》らの体調を最良に持っていくことです。これはどういうことであるかというと、戦《いくさ》において、万全《ばんぜん》の陣形《じんけい》を組み、兵《ひょう》糧《ろう》を蓄《たくわ》え、それだけの武器を用意しているということとまったく同じです。常に、肉体面も配慮《はいりょ》をしていくことが大事です。肉体が弱っていると、どうしても気力が落ちてきます。気力が落ちてくると、本来、振《ふ》り払《はら》えるものも振り払えなくなることがあります。

ゆえに、知恵を使って、心と肉体のバランスをよくしていく必要があるのです。

また、現代医学を勧《すす》めているところもあります。現代医学も愛の光線の一つであるということが述べられています。健康管理において使えるものがあれば、それを使っていくことも大事であります。

いずれにせよ、希望が最大の薬であり、幸・不幸をつくり出すその主体的判断は自分自身にあるということを忘れてはなりません。

6 公明正大《こうめいせいだい》に生きよ

坂本龍馬《さかもとりょうま》のところでは、悪霊撃退《あくれいげきたい》ということに関してはいささか違《ちが》った議論がなされているように思えます。ただ、このなかから汲《く》み取るべきものがあるとするならば、天下国家論、大義を大切にする心が大事であるというところです。

それは、もっと突《つ》き詰《つ》めるならば、神仏の心というところまで行き着くわけですが、神仏の心にまで行き着くことができないような段階にある現代人であるならば、せめて、その一歩手前であるところの天下国家、また大義、公《おおやけ》の心というものを大事にすることです。

そして、公明正大《こうめいせいだい》に生きることです。隠《かく》し事をしないで、堂々とガラス張りで生きても恥《は》ずかしくない人生を生きることです。

光が当たらないところに蛆虫《うじむし》は生まれ、ゴキブリは発生します。物陰《ものかげ》にてコソコソと動けば、そのようなものになっていくということです。

いつ、心のなかを見られても、行動を見られても、恥ずかしくないような自分になることです。二十四時間見られたとしても、いや、本当は、現に見られているのです。みなさまがたの守護霊《しゅごれい》、あるいはそれ以外の縁《えん》ある霊人《れいじん》たちは、すべて見ているのです。ガラス張りのなかで生きているのが、私たちの真実の姿であるのです。

公明正大に生きることが大事です。

7　明るく心穏《こころおだ》やかであれ

さて、出口王仁三郎《でぐちおにさぶろう》のところでは、多少変わった観点からの話がなされています。この人は、明るさということの大切さを説いています。

不安や心配事を吹《ふ》き飛ばすということです。そのためには、自分自身を強く信頼《しんらい》するということ、神仏、高級霊《こうきゅうれい》は必ず自分をよい方向に導いてくれていると深く信ずること、これが大事です。

また、根っから明るいことのほかに必要なものとして、優《やさ》しいということ、心穏《こころおだ》やかなことを挙げられます。「喜怒哀楽《きどあいらく》が激しすぎる人は危ない」というわけです。

そして、肝要《かんよう》なことは、魂《たましい》の器《うつわ》を大きくし、不動心をつくることです。

当然のことながら、マイナスの思いを持ってはなりません。マイナスの思いとは、愚痴《ぐち》、妬《ねた》み、恨《うら》み、このようなものです。頭では分かっていても出るのです。これと闘《たたか》わなければなりません。

さらに、仏法真理《ぶっぽうしんり》の大切さとして、地獄《じごく》に堕《お》ちたければ真理に刃向《はむ》かえばよいといったことも述べています。これを他人事《ひとごと》と思ってはなりません。一人ひとりの魂、その心を取ってみたときに、真理に反したことを続けていれば〝サタンになれる〟ということです。神仏の心に反することを続ければそうなるわけです。

また、人生の成功を目指す者として大事なことでもありますが、「人を害さないで静かに先を歩いていく精神」が大切です。

この場合は、「悪霊《あくれい》、悪霊」と、あまり悪霊にとらわれすぎてはならない、相手にしすぎてはならない、彼らの力を過大評価してはならないということです。そのようなものにとらわれずに、淡々《たんたん》として自《みずか》らの道を歩んでいくことが成功の大道であるわけです。これは大事なことです。

頭を高くすれば、軒《のき》にぶつけてしまいます。頭を低くして、静かに静かに先を歩んでいくことです。五年先、十年先、二十年先を思って、頭を低くして静かに進んでいくことです。

大きな声を出して「悪霊と戦う」と言っているうちに、いつしか彼らの虜《とりこ》になることもあるでしょう。心穏やかに、とらわれずに、先を急いでいくことも大事です。そして、最後には、ユーモアに満ちて面白《おもしろ》く生きることの大事さも述べています。確かに、悪霊にとらわれる人はユーモアがなくなっていきます。その根本《こんぽん》は、深刻すぎる、また神経質すぎるということに起因しているようです。この深刻さ、神経質さに悪霊が憑依《ひょうい》してくるわけです。ユーモアもまた大事であるということです。

8　魂《たましい》の奥深《おくふか》いところまで光を入れよ

仏法真理《ぶっぽうしんり》の書で光を入れる

モーセのところでは、大事なことがいろいろと述べられています。注目すべきは、仏法真理《ぶっぽうしんり》の書で日々供養《くよう》するということです。一つの方法論として採用されることでありましょう。

特に、自《みずか》らの心を調和し、また、亡《な》くなった人々を供養するという意味においては、幸福の科学の根本経典《こんぽんきょうてん》である『仏説《ぶっせつ》・正心法語《しょうしんほうご》』や、『祈願文《きがんもん》』というものがあります。これを読誦《どくじゅ》することもよいでしょう。また、自分自身が悪霊《あくれい》に取り憑《つ》かれて苦しいときには、これを私が読誦したCD等をかけるか、身近な人に読んでもらってください。これは、光の銃弾《じゅうだん》です。これを浴び続けるなかで存在できる悪霊はおりません。

さらに、分かりやすく説かれた仏法真理の書もあります。どの書もどの書も光に満ちています。自らの心境に合った書をよく読むとよいと思います。その際のポイントとしては、知識的にだけ理解するのではなく、魂《たましい》の奥深《おくふか》いところまで光を入れるということです。『仏陀再誕《ぶっださいたん》』（幸福の科学出版刊）などは、朗読するには非常によいものがあると考えます。

さらに、大事だと思われることは、夜眠《ねむ》る前に悩《なや》み事を解決するという方法を明らかにしていることです。毎日毎日、「一日一生《いちにちいっしょう》」と思って悩みを解決していくことが大事であります。

節制と精神の鍛錬《たんれん》

動物霊対策に関しては、「節制と精神の鍛錬《たんれん》が重要である」ということを述べています。遊びをやめ、刻苦勉励《こっくべんれい》型にし、ふしだらの生活はしないということです。

これの典型に当たるものが何であるかというと、まずお酒、タバコ、あるいはそれ以外の賭《か》け事の類《たぐい》です。それ自体は、決して悪いとは言いませんし、潤滑油《じゅんかつゆ》として必要なこともありましょうが、のめり込《こ》むと、高級霊体質からは遠ざかっていくことになります。

お酒は「百薬の長《ちょう》」ともいわれ、使い方によっては薬になることもあります。それは事実です。しかし、お酒が入ると、精神統一は絶対にできません。私であっても、お酒が入れば高級霊を呼べなくなります。それほど麻痺《まひ》するということです。ですから、精神統一をしていく人にとってはマイナスであるということは間違《まちが》いありません。

また、タバコがやめられない人も数多くいるでしょう。タバコにはストレスを解消するという役割があることも事実ですが、心理的に見ると、その奥には、心にやましいことがあるということなのです。心にやましいことがある人には、「自分の理性を麻痺させたい」という思いがあり、そうしたものにだんだん手を出していくようになります。酒、タバコとも理性を麻痺させる面があります。よく反省してください。

さらに、賭け事の類は、当然のことながら、高級霊体質からはるかに遠いところがあります。

霊的に調和がされていけばいくほど、そういうものから自然に遠ざかっていくようになります。体質が変わってくるということです。そういうときには、守護霊《しゅごれい》がいつも身近にいるような状態になってきているのです。

中道《ちゅうどう》と忍辱《にんにく》の心

悪魔《あくま》に対する防御法《ぼうぎょほう》としては、「中道《ちゅうどう》に入《い》る」ということを述べています。判断が揺《ゆ》れるときには常識に沿っていくことが大事です。

さらに挙げられている忍辱《にんにく》の心、不退転《ふたいてん》の意志、神の子、仏の子としての自覚、こうしたものは、抽象的《ちゅうしょう》には分かるかもしれませんが、非常に大事なことです。

極端《きょくたん》な行動を避《さ》けて、常識的なラインを引くことです。仏法真理においての常識的なラインというものもあるでしょう。

そして、避けられない嵐《あらし》のなかにおいては、忍辱をしていく心、耐《た》え忍《しの》ぶ心が大事です。これも、修行《しゅぎょう》にとって不可欠の部分です。忍辱のできない人、その修行に耐えられない人、時を待てない人は、修行者としての資格がないのです。それは、悟《さと》りというものは一朝一夕《いっちょういっせき》になるものでは絶対にないからです。一生を通じてのものだからです。どうしても、時を待つ心、忍辱の心、春を待つ心が大事であるということです。たとえ今は冬であったとしても、やがて春が来るということを信じて待つということが大事なのです。

不退転、神の子、仏の子としての自覚、これらは当然のことでしょう。

9　二つのチェック基準

瞑想《めいそう》による悪霊《あくれい》チェック

悪霊憑依《あくれいひょうい》のチェックには、いわゆる「満月瞑想《めいそう》」を使うこともできます。要するに、悪霊に憑《つ》かれている場合には満月瞑想ができないのです。これは明確なチェック基準であります。

もし、「危ない」と思ったら、満月瞑想をしてみてください。心に満月を思い描《えが》くことができるかどうかです。そのときに、三日月が出たり、満月が雲に隠《かく》れたりするのは、悪霊が憑いている人の特徴《とくちょう》です。

したがって、満月が描けるまで心の浄化《じょうか》を進めることです。描けなければ、まず反省から入っていく。反省が進んだところで、満月瞑想をしてみる。そして、ぽっかりと浮《う》かぶ満月が描けたら、ある程度、悪霊が離《はな》れたということであります。

悪霊にも分かる易《やさ》しい言葉で仏法真理《ぶっぽうしんり》を語る

また、悪霊撃退《げきたい》の力をつけるためにも、易《やさ》しい言葉で仏法真理《ぶっぽうしんり》を理解するのは大切なことです。

悪霊たちは、小学生に分かるような言葉でなければ理解することができません。自《みずか》らの悟《さと》りで彼らを悟らせようとするならば、小学生の言葉でも分かるようなレベルで、仏法真理が解説されなければならないわけです。そのくらいまで理解が進んでいなければなりません。抽象《ちゅうしょう》的な言葉、概念《がいねん》的な言葉でしか仏法真理を説明できないのであれば、その人には悪霊を撃退する力がないということです。間違《まちが》いありません。小学生にも分かるような言葉で、その内容を説明できなければ駄目《だめ》なのです。これも一つのチェック基準として理解してください。

10　闇《やみ》と戦うより光を掲《かか》げよ

谷口雅春《たにぐちまさはる》のところでは、悪霊撃退《あくれいげきたい》よりも、悪霊の考え方そのものについて述べています。「本来、悪霊があるのではなく、心得違《こころえちが》いをしている人間がいるだけだ」というわけです。

しかし、大事なことは、「本来、悪霊がない」ということだけを言うのではなくて、「心得違いをしている人間が現にある」ということ、「その心得違いとは何であるかということを正さねばならん」ということです。これなくして宗教の使命はありません。

ただ、「神仏より無限の力を頂いている」と思って、疲労《ひろう》の感覚といったものを打破することや、「闇《やみ》と戦うより光を掲《かか》げよ」という考えも大事です。これも偉大《いだい》なる真理の一つです。心が暗闇のなかにあり、悪霊と四つに組んでいて、どうしても抜《ぬ》けることができないときには、闇を消そうとばかりするのではなく、光を掲げるという行為《こうい》も大事であります。これも偉大な真理であり、悪霊撃退をするには、反省法に次ぐところの大きな方法の一つです。

どうしてもどうしても勝てないときには、光明《こうみょう》の書を読むということも大事です。

第4章

栄光への道

――『悪霊《あくれい》から身を守る法』講義

1　心の調律

幸福の科学の「真理の言葉『正心法語《しょうしんほうご》』」（根本経典《こんぽんきょうてん》『仏説《ぶっせつ》・正心法語』所収）は、全編を読誦《どくじゅ》しても、わずか五分ほどで終わる経文《きょうもん》です。一日は二十四時間あります。そのなかをどのような思い、波動《はどう》で、みなさんは生きているでしょうか。

心というものは馬のような存在であり、よく馴《な》らすと、実に柔順《じゅうじゅん》な働き手となりますが、甘《あま》えさせ、好きなようにさせると、暴《あば》れ馬となり、手がつけられなくなります。

さすれば、一日のうちのわずか五分、心を調律するために『正心法語』を用いるということは、非常に賢明《けんめい》な方法だと思うのであります。

『仏説・正心法語』（宗教法人幸福の科学刊）

どれほど忙《いそが》しい人であるとしても、一日のうちのわずか五分という時間が取れないということはないでしょう。

できるならば、朝、五分の時間を取り、これを読誦する。また、他人《ひと》よりもいち早く勤め先に出勤したとするならば、仕事の始めの前に、心のなかでも結構なので、静かに『正心法語』を読んでみることです。

そして、一日を始めるに当たっては、「私は、この気持ちで、今日をスタートするのである。そして、もし、今日が人生の終わりの日となったとしても、何の悔《く》いがあろうか。われは、今日、かくのごとき決意の下《もと》に一日を始めるのである。今日が最後の日となっても、何ら悔いはない。今日一日を燃焼し尽《つ》くすのである」と、そのように生きてほしいのです。

しかし、日も暮れ、夜がやってくると、長時間の労働を通し、また、さまざまな人との付き合いを通して、精神的にも肉体的にも疲労《ひろう》していることがあるでしょう。

家路につき、食事を終え、一家団欒《だんらん》をしたあとには、静かに自室に引き取って、また『正心法語』をお読みいただきたいのであります。

この『正心法語』を読むときの精神は、決して、この世的なる思いであってはなりません。そのなかに、見栄やプライド、虚栄心《きょえいしん》というものがあってはなりません。

独《ひと》りにて静かに読み、そして、自《みず》らの内を見つめる時間を取ってほしいのです。

このときに、いやしくも、「われは今、修行《しゅぎょう》をしているのだ」というような、小さな自負心は持たないことです。

ごく自然に『正心法語』に手が伸《の》び、読みたくなる。これを読み終え、それから、静かに一日を振《ふ》り返ることです。わずか五分で精神の統一に入れると思います。

もし、こうした作法《さほう》を通すことなく、いたずらに反省に入ろうとしても、一日のさまざまな波動に心揺《こころゆ》れているので、深い精神統一に入っていくまでに、おそらく三十分以上の時間を要することになりましょう。

心は一つの波動を出すところであり、この波動を整えるというところから入っていったほうが、精神の統一が早くできるのであります。

2　修行者《しゅぎょうしゃ》の心得《こころえ》

さて、本章の主題は「悪霊《あくれい》から身を守る」ということです。悪霊から身を守る法は種々雑多ありますが、ただ一点を述べるとするならば、「心の世界は波長《はちょう》の世界であり、悪霊たちと波長が合わなければ、もはや、彼らは縁《えん》がない存在である」ということだけは間違《まちが》いがないのです。ゆえに、いたずらに彼らを追い払《はら》おうとするよりも、まず自《みずか》らの心の波長を整えていくことにこそ力を注ぐべきであります。

本来、われらは高次元より出《い》でたる光の天使。そのわれらが地上的な波動《はどう》に染まり、悪霊たちと同じ地平において四《よ》つに組まなければならないというのは恥《は》ずべきことです。われらは、ただ本来の心のあり方を思い出し、その調べのなかに生きることを決意すべきであります。さすれば、自然に、彼らとの付き合いというものはなくなっていくはずです。

すべては、ここに戻《もど》ってくるのであります。

自らは、完全な、決して悔《く》いることのない、落ち度のない毎日を送っていると思うかもしれないが、しかし、現実に、そのような悪《あ》しき波動に合うことがあるというのは、まだまだ心に隙《すき》があるということにほかならないわけです。それを、勇気を持ち、智慧《ちえ》を持って乗り越《こ》えていくことが大事になるのです。

この悪霊との、ある意味での戦いは、自分自身の心との闘《たたか》いであり、彼らが存在するのは、単に悪というよりも、みなさん自身に、「悟《さと》り」とはいったい何であるか、「正しき心の探究」とは何であるのか、また、「修行者《しゅぎょうしゃ》の心得《こころえ》」とはいったいいかなるものであるかを教えんがための砥石《といし》として存在しているのだということを知らなくてはなりません。

彼らは彼らとして己《おのれ》の人生の修行があるでしょうが、しかし、それは彼らの人生です。みなさんがた自身は、いたずらに他人《たにん》の人生に介入《かいにゅう》するというよりも、まず、己の人生の軌道《きどう》を修正することに力を注がなければなりません。

さすれば、そのような存在も自らの魂《たましい》を磨《みが》くための砥石として捉《とら》え、すべてを反省の機会として捉えていくということが賢明《けんめい》な考え方であると、私は思うのです。

悪霊たちは、その法則に則《のっと》って、われらのもとに現れてくるわけでありますから、われらが本来の心境を取り戻したのであるならば、彼らも長くとどまることはできないのです。それは、彼らにとっては、「おまえたちの間違いがいったいどこにあるのか」ということを、身をもって示すということにもなるわけです。

彼らは、真実の心のあり方が、心の調べが、光の波動がいかなるものであるかということを忘れ去って久しいのです。さすれば、あなたがたは自らの心を整えるという、その単純な行為《こうい》のなかに、彼らを救うところのよすがを与《あた》えることができるわけです。

「これが本来の人間の姿である」と示すということ、それ自体が教えを含《ふく》んでいるのです。言葉以前の教えがそこにあるのです。

3　光を蓄《たくわ》えよ

振《ふ》り返ってみるならば、あなたがた一人ひとりが地上に生命を得て生まれてよりこのかた、さまざまなる人の姿を見、その教えを受けて、今日《こんにち》まで育ってきたはずであります。何が善であり、何が悪であるかを、両親を通じ、師を通じて教えられてきたはずであります。また、社会に出《い》でてより後《のち》も、何が善であり、何が悪であるかということを、さまざまな機会に教わってきたはずです。

そのように、多くの人々の導きによって、自《みずか》らの進むべき方向を教わってきたはずです。そこに、「教える」ということの意味があり、「教わる」ということの意味があるわけであります。

さすれば、あなたがたもまた、このような心の教えを学んだのであるならば、無言でもって、彼らに「真実の人間のあり方とはいかなるものであるか」を示さなくてはなりません。それが、人を導くということの最初であるかもしれないのです。「自らの心を整え、調和する」という、そのなかに、地上を去りたる世界の悪霊《あくれい》たち、不成仏《ふじょうぶつ》霊たちを導くという行為《こうい》が起きるのであり、また、心の調和された人間が身近に生活していると知ることをもって、あなたがたの周りにいる人たちは日々感化を受け続けるものであります。

水が高きから低きに流れるがごとく、光はまた、強き者から弱き者へと流れていくのであります。世を愛の光で満たさんと欲《ほっ》するならば、まず、自らの内に光を溜《た》めることです。光を蓄《たくわ》えることです。光を強くしていくことです。このことに、すべての力を注いでいくがよいと思います。

そのためには、二つの注意が必要です。

一つは、毎日、日々《にちにち》の生活のなかで、自らの心を揺《ゆ》れ動かすような事件、出来事に遭遇《そうぐう》したときに、「ここで己《おのれ》の心を決して曇《くも》らせはするまい」という決意です。

「このようなマイナスの出来事によって、己《おの》が心がマイナスになるわけにはゆかぬ。断じてマイナスの心にはなるまい」という決意が必要です。

そうして、もう一つの、積極的なる姿勢としては、常に、自らを光のダムとして考えていくことです。「自らの心には巨大《きょだい》なダム、貯水池がある。ここに神の光を満々とたたえん」と決意することです。それなくして愛に生きるというのは、極《きわ》めて難しいことです。

「他の人に愛を与《あた》えよ」というが、その愛とは、「光」の別名にすぎないのです。愛には、さまざまなる具体的な行動を伴《ともな》うことがあるでしょう。そのなかに、言葉を伴い、物を伴い、さまざまなものを伴うことがあるでしょう。

しかし、与える愛の本質は光です。光を他の者に分け与えるということです。これが、「愛を与える」ということの意味なのです。

与えるべき光なくば、いったい何を与えるというのか。それをよくよく考えなくてはならないのです。

ゆえに、あなたがたのうちに、今後、さまざまな霊的な現象が起きてくることもあるかもしれないが、そうした霊的現象そのものをもって、自らを偉《えら》しと思い、天《てん》狗《ぐ》になるようなことがあってはならない。愛の器《うつわ》とは、決してそのようなもののなかにあるのではない。

自らが愛の器であるということを知らんと欲するならば、まず、己が心に不調和はないかどうかを確かめ、また、己が心のダムのなかに神の光が蓄えられているかどうかを日々確認することが大事であるのです。

他の人に分け与えることができるところの光とは、このように、日々のものであるということを忘れてはなりません。今、自分の心が地獄《じごく》にさまよっておりながら、他の人に愛の光を与えるということは極めて困難であることを忘れてはなりません。

4　信仰《しんこう》の道――精進《しょうじん》と感謝

およそ、古来言われるがごとく、「自《みずか》らを高しとする者は低くされ、自らを低くする者は高くされる」といいます。この理由は、神仏の光を受ける器《うつわ》とはいかなるものであるかにかかわっています。

それは、ただひたすらに、天上より神仏の光を頂き、それを多くの人々に流していかんとする者には、その光は大河《たいが》となって流れ込《こ》んでくるが、この光を単に自らを飾《かざ》るがごときものと考える者には、流れ込む光は止まり、また流れ出すこともできないということを意味しているのです。

ゆえに、このような光の存在となり、光を与《あた》え続ける存在とならんとするためには、謙虚《けんきょ》な心が必要です。

この謙虚な心を呼び起こすためには、そして、日々、それを堅持《けんじ》していくためには、どうしても信仰心《しんこうしん》というものが必要であると述べました。

そうです。これなくして、真に謙虚であることはできません。

信仰心のなかには、また二つの事柄《ことがら》が含《ふく》まれているということを忘れてはなりません。

精進《しょうじん》

信仰心があるということは、

一つには、「神仏への道のりを、日々、歩み続ける」ということであり、

これは、「日々、精進《しょうじん》し続ける」という姿勢を意味している。

「信仰心はあるが、精進はしていない」ということはありえない。

よいですか。

自分の心を偽《いつわ》ってはならない。

「信仰心はあるが、今のところ精進をしていない」ということはありえない。
「信仰心はあるが、精進を怠《なま》けている」ということはありえないのだ。
精進なくしては、信仰ももはやそこにないと言わなければならない。
これが一つである。

感謝

もう一つは、
「信仰心を伴《ともな》うならば、必ずや感謝というものが出てくる」ということだ。
感謝の思いが出てくるのだ。
「信仰心はあるが、感謝の思いはない」というようなことはありえない。
信仰心があれば、
常に「精進する気持ち」となり、
常に「感謝の心」が起きてくるのである。

この二点を確認するならば、あなたがたが少なくとも信仰の道に入っているかどうかが明らかになるのであります。

「信仰心あり」と称《しょう》しても、感謝の心なき人は、その信仰心を自らのプライドを飾るために使っているということが言えます。

精進のみはしているように見えても、感謝のない人であるならば、その信仰心ある姿を、自らを飾るために使っているということです。

感謝を必ず伴わなければなりません。

そうして、感謝を伴う姿勢のなかに、謙虚さというものが自然自然に表れてくるのです。

5　真の精進《しょうじん》

さて、精進《しょうじん》という話をいたしました。これについてさらに話を続けるとするならば、『悪霊《あくれい》から身を守る法』（前掲《ぜんけい》）のなかにも、知性の磨《みが》きが必要であるということが述べられています。

これは、過去、多くの人々を見るにつけ、「霊的な現象に振《ふ》り回されている人の多くは知が暗い」ということが明らかになってきたからであります。

この知性というものは、単に、学校で教えているところの知識のみを言っているわけではありません。限りなく「人間の本質」を知らんとする知性、限りなく「世界の本

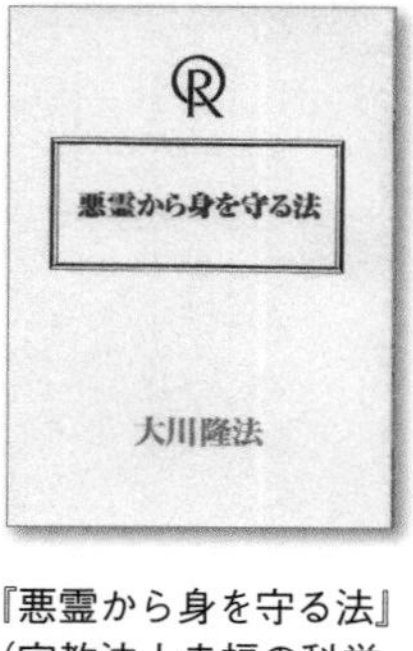

『悪霊から身を守る法』
（宗教法人幸福の科学刊）

質」を理解せんとする知性を言っているのであって、この方向性を持たない知性は本当のものではありませんし、みなさまがたを悪霊から守ることもないでありましょう。この知性とは、あくまでも神仏そのもののご性質を学び取らんとする方向にあるものなのです。

常に向上の道へ努力精進しているところに、必ずや、あなたがたの知識が智慧《ちえ》となり、智慧が叡智《えいち》へと変貌《へんぼう》していくという姿を見るでありましょう。自分一人を生かす小知が、やがて、多くの人々を、人類を生かす偉大《いだい》なる叡智に変わっていく姿を知るに至るでしょう。そうしたときに、あなたがたの考え方は自然自然に違《ちが》うものとなってくるでしょう。

悪霊たちに惑《まど》わされている理由の多くは、あなたがたの心のなかに邪心《じゃしん》があるということであります。邪《よこしま》なる心があるということ、欲望に踊《おど》らされる心があるということ、それを彼らが見つけて、言い寄ってくるのです。

こうした悪霊に取り憑《つ》かれると、今まで心の内にて静かに眠《ねむ》っていた欲望が姿を取って一気に現れるようになります。

必ずや、その初めは甘《あま》いささやきより始まります。自分が他の人からいちばん言ってほしいと思っているところの甘いささやきから始まるのであります。そのささやきを信じる。さらに自分が上がっていく。さらに信じる。そうして、自分は何をやっても間違いのない人間のような気になっていきます。

あなたがたは、真実の法を学んだ人間であるならば、そうしたささやきが聞こえてきたときに、勇気を持って踏《ふ》みとどまらなければなりません。過去に行《おこな》った自《みずか》らの努力精進がいかほどのものであったかを、よくよく振り返る必要があります。

仏法真理《ぶっぽうしんり》の道に入ってより、長き人でまだ三年余りであります。短き人は二年、一年であります（説法《せっぽう》当時）。それだけの努力精進でもって、自らの心がどこまでの高みに上がれるかどうか、よくよく考えなければなりません。

過去の二十年、三十年、四十年、五十年、六十年と、はっきり言って、過《あやま》ちの多い人生を送ってきたはずであります。送っていないとは言わせません。必ず、その思いと行いにおいて、多くの過ちを含《ふく》んでいたはずです。その思いと行いにおける過ちが、わずか三年や、二年や、一年や、半年で、本当になくなってしまい、自分がそれほど優《すぐ》れた人間になっていると思うのだろうか。そうではないはずです。

心のなかに棲《す》んでいるところの悪霊なりサタンなりが、仏法真理の道に入ることによって、今、しばらく、その動きを封《ふう》じられているにすぎないのではないだろうか。まだ、心のなかから彼らを完全に締《し》め出すところまでは行ってはいないであろう。

私はそう言いたいわけです。

三年の精進というのは、修行者《しゅぎょうしゃ》としては、ようやく初級レベルに達するということであるのです。実にそのとおりなのです。三年間続いて、やっと、修行者として初心のレベルに達するのです。

修行者として本物となってくるには、十年はかかるのです。十年、「正しき心の探究」を続け、心に錆《さび》をつくることなく、もし、つくったとしても、常に錆落としを怠《おこた》らず、堅固《けんご》に法を守り、法のために生き、法の下《もと》に生き、そして、愛に生きて十年、初めて、修行者らしい香《かお》りというものがその身辺に漂《ただよ》ってきます。この香りに妨《さまた》げられて、さまざまな誘惑《ゆうわく》や欲望が忍《しの》び寄ってきにくくなるのに、十年の歳月《さいげつ》が必要であります。

さらに、魂《たましい》そのものの生地《きじ》として、深いところまで仏法真理が落ちていくには、二十年、三十年、いや、それ以上の歳月が必要となるでありましょう。

6　不動の信仰《しんこう》

あなたがたの信仰《しんこう》は、自分が心揺《こころゆ》れないときのみの信仰であって、心揺れるときには信仰なき人が九割を超《こ》えるという事実を忘れてはならない。

順境のとき、平和のとき、平安のときには信仰を守れても、そうでないときにはもろくも崩《くず》れていくのが、あなたがたの真実の姿ではないか。

そのような信仰心が本物であるかどうかは、歳月《さいげつ》のなかで、やがて必ずや試《ため》されることがあるでしょう。

真実の信仰を持ちたるものは、大きな船に乗って、大船《たいせん》に乗りて、あの揚子江《ようすこう》を、黄河《こうが》を、ガンガー（ガンジス河）を下っていくようなものですが、表面だけの、知識だけの、そして、飾《かざ》りだけの信仰によって生きている人は、ちょうど、笹舟《ささぶね》に乗って大河《たいが》を下る蟻《あり》にも似て、必ずや、水の随《まにま》に沈《しず》んでいくことになるのであります。
今、自《みずか》らが乗っているのは、単なる笹舟であるのか、それとも、本当に信仰という裏付けのある大船であるのか、これをよくよく知らなければなりません。

真実、仏法真理《ぶっぽうしんり》を知るということは、
勇気を呼び起こし、不退転《ふたいてん》の意志を呼び起こし、あなたがたを強くするのです。
信仰によって弱くなるということはありえない。
真実の目覚めがあなたがたに訪《おとず》れたときには、
たとえ、千貫《がん》の岩塊《がんかい》がその身を打ち砕《くだ》くとも、
千貫の岩塊によってその身を打ち砕かるるとも、
たとえ、千匹《びき》の虎《とら》に臟腑《ぞうふ》を食い破らるるとも、
たとえ、万羽の鷲《わし》によって目を抉《えぐ》らるるとも、
その信仰は決して揺らがない。

そのようなものでなくてはならない。
そうした心境に達するには、まだまだ、はるかに遠いものがあるということを、
あなたがたは感じることであろう。
それはまだ、真に知っていないということなのです。
真に知るということによって、
この世的なる価値といわれるものが、
ことごとく、蜃気楼《しんきろう》のごとく淡《あわ》く、色が褪《あ》せて、
取るに足らないものに見えてくるのです。
そして、ただ一筋《ひとすじ》に、仏法真理の道を歩みたくなるのです。
そうならなければ本物ではありません。
そうならないのは、まだ真に知っていないということです。
真に知っていないからこそ、誘惑《ゆうわく》に負ける。
甘《あま》やかしに負ける、そそのかしに負けてしまう。

人の言葉に揺らぐ。
また、人の言葉を恐《おそ》れる。
なぜ恐れるか、なぜ恐れるか。
今、伝道の時節において、私は、幾度《いくど》も幾度もあなたがたに問う。
なぜ恐れるか。なぜ他の人の言葉が怖《こわ》い。
それは、やはり、真に知っていないからだと思えるのです。

書物の上で、「たとえ、王侯《おうこう》の位《くらい》であろうとも、この真理を学ぶ喜び、悟《さと》りの香《かお》りには敵《かな》わない」と言われ、それは活字として目には映っても、真実、心のなかに、心の奥底《おくそこ》に、魂《たましい》の底にまでは落ちていないはずです。おそらくそのとおりでしょう。

あなたがたは、仏法真理の道に入っても、
まだ、名誉《めいよ》と引き換《か》えにしようとする心があるだろう。

肩書《かたがき》と引き換えにしようとする心があるだろう。
人の称賛《しょうさん》と引き換えにしようとする心があるだろう。
経済的なものの見方と引き換えにしようとする心があるだろう。
しかし、断じて、そんな弱きものであってはならない。

したがって、真に知るということは、
もはや、自らが、
鉄壁《てっぺき》の、あるいはダイヤモンドの、黄金の、光の城として完成する
ということを意味する。
この砦《とりで》に隙《すき》があってはならない。
その砦を固めよ。
黄金の煉瓦《れんが》でもって、またダイヤモンドでもって、その砦を固めよ。
隙をつくってはならない。

その黄金の煉瓦を積む作業こそが、
真理のための精進《しょうじん》であり学習であるということを、
忘れてはならない。
日々、学習する心を怠《おこた》ってはならない。

一日怠れば三日遅《おく》れる。
三日怠れば十日遅れる。
一カ月怠れば、さらにその修行《しゅぎょう》は遠ざかり、
たとえ、今、みなさんの先輩《せんぱい》として、
本部講師であるとか支部講師であるとか、
準講師であるとか上級研究員であるとか、
そういう資格を持つ者がいたとしても、
三カ月、この修行を怠れば、ただの人、

いや、ただの人以下になるということを知らなければならない。
真理とはそのようなものなのだ。
三月《みつき》、真理の修行を忘れれば、ただの人となる。
もはや他の人を導くことはできない。
そのような厳しいものだということを知らなければならない。

今、幸福の科学に集《つど》いたる人々は、
数多くの先輩たちに導かれてもいるであろう。
しかし、私は言っておく。
そうした先輩たちの指導に正しく応《こた》えるためには、
諸先輩を乗り越《こ》えていけ。
乗り越えなければならない。
指導いただいたそのお礼は、諸先輩を乗り越えることにある。

仏法真理の道とはそのようなものなのだ。
わずか三カ月怠れば、すなわち病《や》む。
すなわち魂は死に至る。
そのようなものなのだ。
あなたがたは、
その報恩《ほうおん》として、諸先輩を乗り越えていかなければならない。

7　真理の戦場

もし、その出自《しゅつじ》においては光の天使であるとしても、まさしく、この地上は天上《てんじょう》界《かい》と地獄《じごく》界の境目であり、一つの戦場であります。

みなさんの前を行く者に弾《たま》が当たって倒《たお》れていくのを見ることもあるでしょう。みなさんのすぐ横に立っている者が、突如《とつじょ》、倒れるのを見ることもあるでしょう。みなさんの後方で倒れる音を聞くこともあるでしょう。そのような銃弾《じゅうだん》が飛び交《か》う世界でもあります。

しかし、そうした諸先輩《しょせんぱい》の屍《しかばね》を乗り越《こ》えて進んでいかなければならないということです。

累々《るいるい》たる屍を乗り越えて、
真理のために戦い続けなければならない。
それが、毎年続々と、集《つど》って来、
誕生していく講師たちの使命ではないだろうか。
決して後退してはならない。
越えていかなければならない。
先に進んでいかなければならない。
そういうことです。

その気概《きがい》を称《しょう》して、別の言葉で、「先なる者は後《あと》なるべし。後なる者は先なるべし」と言うこともあります。乗り越えていかなければならないのです。

また、万一《まんいつ》、あなたがたがその真理の戦場において戦《いくさ》に出《い》で、弾に当たって倒れることがあっても、あとに続く者たちに向かって、「われを乗り越えて進め」と言ってほしい。

「私はよい。私を乗り越えて進んでいけ。先へ行け。まだ、あなたがたには仕事が残っているであろう。われは、われの使命を今、終えんとするが、われを乗り越えていけ」、そういう気持ちでいかなければなりません。

それほど大きな使命を担《にな》っているということなのです。

8　伝道の出発点

今、接しているところのこの法が、この仏法真理《ぶっぽうしんり》の大河《たいが》が、今、あなたがたが学んでいるとおりのものであるならば、講師とならんとする人たちの使命がいかほどに大きいものであるかは、考えて余りあるものがあるでしょう。あなたがたは大きな使命の下《もと》に集《つど》っているということを、断じて忘れてはなりません。

個人としての修行《しゅぎょう》は、いつも、自《みずか》らの身に及《およ》び、それを避《さ》けて通ることはできませんが、しかし、それだけに安住してはなりません。さらに、多くの人たちが待っているのです。一億二千万の人々が、七十七億の人々が、待っているのです。

それが、本心でなくて、それが本意でなくて、いったい何でしょうか。

常に学び、学び、学び、限りなく高くならなければ、どうして、それだけ多くの人たちを導いていくことができるでしょうか。

私は、二千六百年前も、
霊鷲山《りょうじゅせん》において、あなたがたに語り、
今もまた語っている。
この言葉は永遠の真理である。
私は語るが、語っているのは、
あなたがたの前にあるその姿ではない。
あなたがたに語っているのは、永遠の仏陀《ぶっだ》である。
そのことを忘れてはならない。
その言葉が、今、現れているということを忘れてはならない。
それは、あなたがただけの言葉ではない。
私の言葉は、今後、二千年、三千年と、

あなたがたは語り伝えていかねばならないのだ。
それは、単に、語り伝えるということのみではない。
あなたがたは、生きている間に、
それを実践《じっせん》に移さねばならない。
他の人々に伝えなければならない。

伝道の出発点は、
己《おの》が心のなかに真理の火が灯《とも》ることをもって出発点とするのだ。
自らの心の内に、真理の火、燃ゆることなく、
その松明《たいまつ》に火が点《つ》くことなく、
何ゆえの伝道があろうか。
小さなマッチの火は一粒《つぶ》の雨で消えてしまうであろう。
どのような雨が降ろうとも、風が吹《ふ》こうとも、

決して消えない松明の炎《ほのお》を自らの内に燃やさなければならない。
これを燃やす力は、いったい何であるか。
「真実のものを確信する」ということではなかったのか。
些細《ささい》な、人間知による疑いを捨てよ。
そのようなものに逡巡《しゅんじゅん》しているうちは、
あなたがたに、永遠の大道は決して開《ひら》けることはない。
自らの使命の重大さに心至るときに、
その松明は燃え続け、燃え上がらなくては
収まらなくなるのだ。

伝道ということは、単なる方法論ではない。
単なる目標や目的ではない。
この世的なる知名度を高めるための運動でもない。

そのようなものではない。
真実、その意味を知ったならば、座《ざ》していることはできない。
黙《だま》っていることはできない。
じっとしていることはできない。
それがあってこその伝道である。
「知るということは行動につながる」とは、このことを言う。

もっともっと深く求めよ。
もっともっと真実を求めよ。
さすれば、今、何が起こっているかということを、
黙っていることはできるはずがない。
それは恥《は》ずかしいことだ。
今生《こんじょう》の命、神仏より頂いたということが無駄《むだ》になる。

断じてそのように虚《むな》しい人生を生きてはならない。
あなたがたは、限りなく高く、限りなく強く、限りなく雄々《おお》しく、
生きていただきたい。

その命、神仏に預けることだ。
己《おのれ》のものと思うな。
「神仏に預ける」と言うが、
もとより神仏より預かったものではないか。
さすれば、「自分のものなど何一つない」ということを
知らなくてはならない。
本来、神仏より預かって、
今生の修行を許されているということであったのではないのか。
さすれば、自らの命を、自分個人のものとするな。

私有化するな。
私物化するな。
その命は、神仏のものであるから、
神仏のために生かさなくては、存在の意義がないのだ。

すなわち、神仏のためでないことのために費《つい》やした、
その思い、行動、時間は、すべて、
あなたがたにとっては、大きな赤字となり借金となっている。
そのことを忘れてはならない。
幾《いく》ら借金を重ねていったら、それで満足するのか。
幾ら赤字を重ねていったらそれで満足するのか。
もう、そういうことはやめなくてはならない。
神仏から預かったものであるならば、

神仏に返していかなければならない。
そのことを忘れてはならない。
それ以外に生きる道などないということを知らねばならない。

この世には、多くの人があなたがたを待っているのです。
あなたがたの訪《おとず》れを待っているのです。
あなたがたの福音《ふくいん》を待っているのです。
あなたがただとて、幾年か前に仏法真理の縁《えん》を得て、
気づいたのでしょう。
そして、今、幸福の科学に集ったのでしょう。
その縁なくば、今、何をしていますか。
今、どこで何をしていますか。
どういう思いで生きていますか。

自分自身を振《ふ》り返ったときに、それを自分だけのものとしてよいのでしょうか。
そうした縁《えにし》を待っている人たちが数多くいるのです。
彼らは、今生に生きて、
「今、この時代はいかなる時代であるか」ということを知ることなく、
死んでいこうとしているのです。
教えてあげなくてはなりません。
それが使命です。
その使命は、私から与《あた》えられるものではありません。
みなさん自身から湧《わ》き上がってこなければ、嘘《うそ》です。
私に言われて動いているようでは本物ではありません。
自ら自身から湧き上がってこなければ、嘘です。

9 執着《しゅうちゃく》を断《た》て

さて、そうした気持ちで生きていても、哀《あわ》れなるかな、肉に宿りたる人間よ。あなたがたは、執着《しゅうちゃく》というものから完全に逃《のが》れることはできないでしょう。執着を完全に断《た》つことができないとするならば、それを日々取り去る修行《しゅぎょう》を忘れてはなりません。

考えてもみれば、あなたがたの執着など、ごく小さなものでありましょう。ほんの些細《ささい》なことではありませんか。百も二百も執着がある人もいないでありましょう。あなたがたの心の針がいつも止まるところは、わずか一点か二点、あるいは三点、そのようなものではないでしょうか。そんな弱いものに負けていてよいのでしょうか。

そう大した執着はないはずです。あなたがたを惑《まど》わしているものは、易《やさ》しい敵ばかりです。

たかが名誉欲《めいよよく》でしょう。名刺《めいし》にどんな肩書《かたがき》が入ろうと、そんな名刺など、あの世には一枚も持って還《かえ》れません。

情欲《じょうよく》に心が揺《ゆ》れることもあるでしょう。そのようなものは、いちばん勝ちやすい、たやすい敵であります。

それ以外にも、さまざまな誘惑《ゆうわく》はあるでしょう。それらのほとんどが、現実には、自分がくすぐられて、一時期、少しでもいい気持ちになるだけの、麻薬《まやく》のようなものであるはずです。しかし、それを自分にとっての真の幸福だと思っているでしょう。

そんなものではないのです。真実のものをつかんだときに、それ以外の価値はすべて色褪《いろあ》せるということを忘れてはなりません。

そのようなさまざまな誘惑に心揺れているからこそ、悪霊《あくれい》というものが忍《しの》び寄ってくるのです。その悪霊に一喝《いっかつ》するということは、己《おのれ》の心の弱さに一喝するということです。

常に自《みずか》らに問うことです。

何が主《しゅ》であり、何が従《じゅう》であるかということを。

何を取り、何を捨てるかということを。

これを、日々、問うことです。

さすれば、執着というものは断てるのであります。

最初に述べたように、一日を始めるに当たっては、大宇宙の真理を知り、そして、そのなかに生きている自分というものをよく自覚することです。

さすれば、すべては行雲流水《こううんりゅうすい》のごときものです。行く雲、流れる水のごときものです。いろいろなものが現れてきても、そのようなものはすべて引っ掛《か》かりなく流れていくものです。自分にはかかわりなく流れていくものです。

そのなかにあって、不動のものをつかみ、これを離《はな》さないことであります。たとえ非難や悪口《あっこう》が雨あられと降ってこようとも、そんなものに心を揺らしてはなりません。

10　中道《ちゅうどう》を歩め

本書第3章でも述べたはずです。

「耐《た》える心」というものは修行《しゅぎょう》には大事であるということを。

いや、ある意味においては、すべてであるということを。

修行とは、「向上への道を歩んでいる」ということです。

向上の道を歩んでいる自分であるならば、「時間を耐える」ということは、「常に、高きに向かって進んでいる」という事実そのものにほかなりません。

あなたがたの多くは、時間のなかで敗れていくのです。

今、一定の心境に達したとしても、毎日毎日の時間のなかで、半年、一年の時間のなかで、三年、五年の時間のなかで、敗れ去っていくことが多いのです。その多くは、「いったんなした決意が、やがて流れ去っていく」というような弱さにあるのです。

この「時間を制覇《せいは》する」ということが大事です。

そのなかにおいては、「焦《あせ》り」というものは禁物であります。

断じて焦ってはならない。

断じて焦ってはならないのだ。

近道をしようとすれば、それが遠回りになることもあるのです。

うまずたゆまず、「中道《ちゅうどう》」の道を歩んでいくことです。

まっすぐな道を歩んでいくことです。

小手先のことを考えてはならない。

「これこそが近道だ」と思って、自分勝手な道のなかに入り込《こ》んではならない。
そうすることによって、やがて谷間のなかに紛《まぎ》れ込んでいくでしょう。
たとえ、途中《とちゅう》、いかなる旅人が現れて、
「こちらのほうが近道ですよ」とささやいたとしても、
上り坂をまっしぐらに歩いていくことです。
「私はこの道を歩く」と考えることです。
心を極端《きょくたん》に揺《ゆ》らしてはなりません。
そして、その道が、一時期、非常に険しく見えようとも、
また、時として、その目には下っているように映ることがあったとしても、
怯《ひる》んではなりません。
あなたがたは、挫折《ざせつ》や逆境に強くなくてはなりません。
順境のみに強く生きることができたとしても、
このようなものは、修行にも何にもならないと知ってほしいのです。

あなたがたは、もっともっと強くなければなりません。

幸福の科学に集《つど》いたる人たちには、この世的にも優《すぐ》れた人が数多くいるように思います。成功体験も多いように見受けられます。しかし、その強さが、順風のなかだけの強さか、それ以外のところでも真に強いのか、それを試《ため》される時期が必ずや来るでありましょう。

逆風になったときに、もろくも、一瞬《いっしゅん》で、一秒で、あるいは一日で、一カ月で沈《ちん》没《ぼつ》してしまうようならば、しょせん、その程度の船であるということを知らなければなりません。

もし、苦しみが訪《おとず》れたとしても、自分がその程度の船であったにもかかわらず、順風、追い風であったのを自分自身の力だと誤信していたということに対し、深く反省しなければなりません。それもまた、魂《たましい》にとっては前進です。

自《みずか》らの力と追い風の力との区別もつかないほど愚《おろ》かであったというならば、それある意味においては、それこそがまた、魂にとっては前進であるということです。は、転覆《てんぷく》することもまた愛であり、慈悲《じひ》であり、反省のよすがであり、

11　修行《しゅぎょう》の道

あなたがたは、プロの修行者《しゅぎょうしゃ》・伝道者を目指していく人々です。プロを目指していく人々は強くなくてはなりません。自《みずか》らのつまずきにだけ立ち向かうのではなく、多くの人々のつまずきや挫折《ざせつ》、そのような逆境のなかから多くの人々を導き、救い上げるのが仕事です。

それだけの腕力《わんりょく》が要《い》るのです。
力が要るのです。
気力が要るのです。
そうであるならば、自分に甘《あま》くあっては、

絶対にその使命は果たせないのです。

逆境に強くあってください。

挫折に強くあってください。

たとえ、その身、どのような立場に置かるるとも、

「この修行は捨てない」という覚悟《かくご》を忘れないでください。


やがて、あなたがたのなかから、当会の講師になる人が出てくるでしょう。講師として認定され、人々の前で講話をすることがあるでしょう。しかし、そのなかで心に誤りをつくり、つまずいたときには、その資格が取り上げられることにもなるでしょう。

そのときに、あなたがたの本質が試《ため》されることになります。

もう一度、一から出直すほどの気概《きがい》があれば、あなたがたは、修行者としてはまだ捨てたものではありません。そのくらいでなくてはならないのです。

自分が人の先に立って歩いていたのに途中《とちゅう》で落伍《らくご》し、他の人が先を進んだからといって、「もう、坂道を上《のぼ》るのは嫌《いや》だ」という気持ちになったら、修行者としては平均以下であるということを忘れてはなりません。

どのようなことがあろうとも、「何くそ」と思って、もう一度、スタートを切っていくことが大事であります。その後も、そういう試しはあるかもしれません。

また、あなたがたの後輩《こうはい》として続く人たちが出てくるでしょう。あなたがたは彼らを指導しなければならないような立場にもなるでしょう。しかし、先ほども述べたように、あなたがたの後輩のなかから、あなたがた以上に優《すぐ》れた人も出てくるでありましょう。

あなたがたは自分の力の限り、彼らを指導し、彼らが自分を乗り越《こ》えていったときには、彼らに対して潔《いさぎよ》く拍手《はくしゅ》を送り、自分との実力に明らかな差がついたと思うならば、今度は、弟弟子《おとうとでし》としての分《ぶん》に甘んじることも、また修行の道です。

今世においては、年齢《ねんれい》の差がある、順序がある、経験の差がある。また、当会での学びにおいても、先と後がある。

しかしながら、過去、幾転生《いくてんしょう》のなかでは、あるときは先輩となり後輩となり、あるときは師となり弟子となり、さまざまな境涯《きょうがい》で出てきているのです。「今世《こんぜ》だけの順序がすべてではない」ということを知らなければなりません。

みなさんに続く人たちのなかにも、魂的《たましいてき》に優れた人は数多く出てきます。そのなかで、自分以上の悟《さと》りを得ていると思う人が出てきたならば、そうした人たちに潔く教えを請《こ》うことです。

悟りの世界とはそのようなものであるということを忘れてはなりません。悟りとは、日々、一日一日のものであるならば、そうしたことはいくらでも起きてくるでありましょう。そのときに、「悟りの心」に忠実に生きるということが大事です。

修行の道においても、そのようなことで執着《しゅうちゃく》をつくってはなりません。自分の立場というものに断じて執《とら》われてはなりません。

本当の意味での自分の良心に対して、正直に、日々生きることです。「優れた人が出てきた場合には道を譲《ゆず》り、そのあとに続くこともまた、修行者の道である」ということを、断じて忘れてはなりません。

あとがき

本書の三章、四章は本年二月に、そして一章、二章は九月に、それぞれ講師等登用研修で連続講義した、その講義録である。

ある意味で秘伝に属する内容であるが、私の本の熱心な講読者たちのことを考えると、あえて発表したくなったのである。

それは、一人でも多くの人に、私の法を伝えるプロの伝道者になっていただきたいからである。

仏陀の本心、ここに極まれり。これは、救世の時代の必読書でもある。

一九九〇年　十月三十日

幸福《こうふく》の科学《かがく》グループ創始者兼総裁《そうししゃけんそうさい》　大川隆法《おおかわりゅうほう》

改訂・新版へのあとがき

本書の内容は、まだ私が仏教的な深みのある教えを説く前の、感性的な教えを数多く有している。本当は、これこそが現代的悟りの正体でもある。

プロの宗教家として、スピリチュアリストとして生きていくためには、不可欠のガイドブックの一冊であろう。様々な霊現象に悩んだり、仏道修行に迷いが出て来たら、くり返し、ひもとくとよい。

『信仰と情熱』は、とにかく、永遠に伝えてゆかねばならぬものなのだ。「退転即地獄」である。

二〇二〇年　四月十七日

幸福《こうふく》の科学《かがく》グループ創始者兼総裁《そうししゃけんそうさい》　大川隆法《おおかわりゅうほう》

『信仰と情熱』関連書籍

『太陽の法』（大川隆法 著　幸福の科学出版刊）
『永遠の法』（同右）
『信仰の法』（同右）
『釈迦の本心』
『人生の王道を語る』（同右）
『仏陀再誕』（同右）

※左記は書店では取り扱っておりません。最寄りの精舎・支部・拠点までお問い合わせください。
『大川隆法霊言全集 第43巻 悪霊撃退法』（大川隆法 著　宗教法人幸福の科学刊）
『悪霊から身を守る法』（同右）

本書は一九九〇年に発刊された旧版を改訂したものです。

信仰《しんこう》と情熱《じょうねつ》──プロ伝道者の条件──

2020年5月16日　初版第1刷

著　者　　大《おお》川《かわ》隆《りゅう》法《ほう》

発行所　　幸福の科学出版株式会社

〒107-0052 東京都港区赤坂2丁目10番8号
TEL(03)5573-7700
https://www.irhpress.co.jp/

印刷・製本　株式会社 堀内印刷所

落丁・乱丁本はおとりかえいたします

ISBN978-4-8233-0176-6 C0014
カバー Anton Jankovoy/Shutterstock.com
装丁・イラスト・写真（上記・パブリックドメインを除く）© 幸福の科学

大川隆法ベストセラーズ・心の修行の指針

漏尽通力

現代的霊能力の極致

高度な霊能力の諸相について語った貴重な書を、秘蔵の講義を新規収録した上で新装復刻！ 神秘性と合理性を融合した「人間完成への道」がここにある。

1,700円

真実の霊能者

マスターの条件を考える

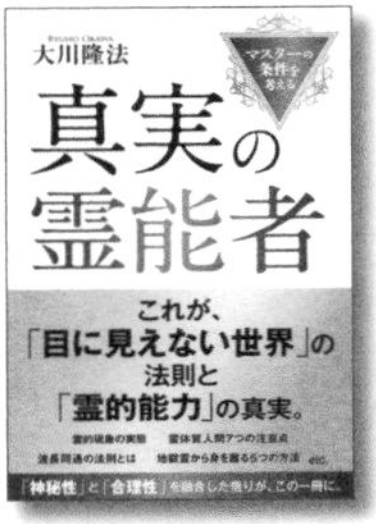

霊能力や宗教現象の「真贋《しんがん》」を見分ける基準はある──。唯物論や不可知論ではなく、「目に見えない世界の法則」を知ることで、真実の人生が始まる。

1,600円

宗教者の条件

「真実」と「誠」を求めつづける生き方

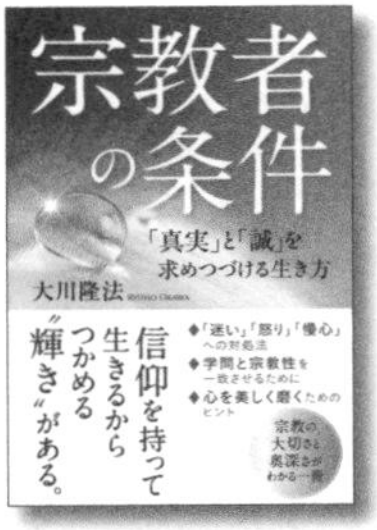

宗教者にとっての成功とは何か──。「心の清らかさ」や「学徳」、「慢心から身を護る術」など、形骸化した宗教界に生命を与える、宗教者必見の一冊。

1,600円

生霊論

運命向上の智慧と秘術

人生に、直接的・間接的に影響を与える生霊──。「さまざまな生霊現象」「影響を受けない対策」「自分がならないための心構え」が分かる必読の一書。

1,600円

※表示価格は本体価格（税別）です。

大川隆法ベストセラーズ・降魔と伝道

悪魔の嫌うこと

悪魔は現実に存在し、心の隙を狙ってくる！ 悪魔の嫌う3カ条、怨霊の実態、悪魔の正体の見破り方など、目に見えない脅威から身を護るための「悟りの書」。

1,600円

真のエクソシスト

身体が重い、抑うつ、悪夢、金縛り、幻聴──。それは悪霊による「憑依」かもしれない。フィクションを超えた最先端のエクソシスト論、ついに公開。

1,600円

悪魔からの防衛術

「リアル・エクソシズム」入門

現代の「心理学」や「法律学」の奥にある、霊的な「正義」と「悪」の諸相が明らかに。"目に見えない脅威"から、あなたの人生を護る降魔入門。

1,600円

ザ・ポゼッション

憑依の真相

英語説法
英日対訳

悪霊が与える影響や、憑依からの脱出法、自分が幽霊になって迷わないために知っておくべきことなど、人生をもっと光に近づけるためのヒントがここに。

1,500円

大川隆法 法シリーズ・人生の目的と使命を知る《基本三法》

太陽の法

エル・カンターレへの道

創世記や愛の段階、悟りの構造、文明の流転を明快に説き、主エル・カンターレの真実の使命を示した、仏法真理の基本書。14言語に翻訳され、世界累計1000万部を超える大ベストセラー。

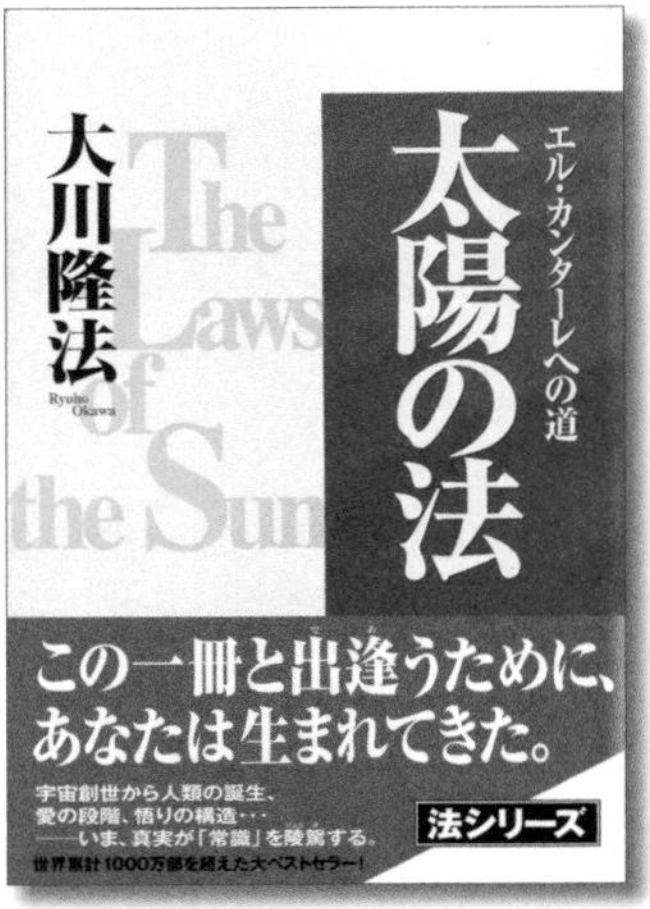

第１章　太陽の昇る時
第２章　仏法真理は語る
第３章　愛の大河
第４章　悟りの極致
第５章　黄金の時代
第６章　エル・カンターレへの道

2,000円

黄金の法

エル・カンターレの歴史観

歴史上の偉人たちの活躍を鳥瞰しつつ、隠されていた人類の秘史を公開し、人類の未来をも予言した、空前絶後の人類史。

2,000円

永遠の法

エル・カンターレの世界観

『太陽の法』（法体系）、『黄金の法』（時間論）に続いて、本書は、空間論を開示し、次元構造など、霊界の真の姿を明確に解き明かす。

2,000円

※表示価格は本体価格（税別）です。

大川隆法ベストセラーズ・真実の悟りを求めて

大悟の法

常に仏陀と共に歩め

「悟りと許し」の本論に斬り込んだ、著者渾身の一冊。分かりやすく現代的に説かれた教えは人生の疑問への結論に満ち満ちている。

2,000円

沈黙の仏陀

ザ・シークレット・ドクトリン

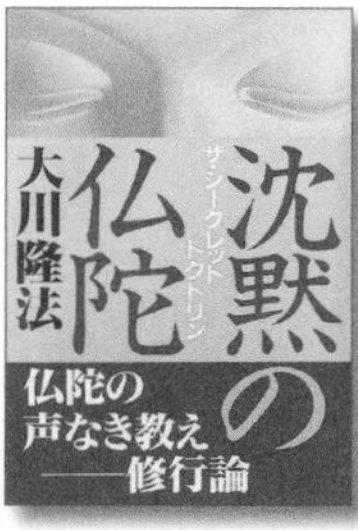

本書は、戒律や禅定などを平易に説き、仏教における修行のあり方を明らかにする。現代人に悟りへの道を示す、神秘の書。

1,748円

釈迦の本心

よみがえる仏陀の悟り

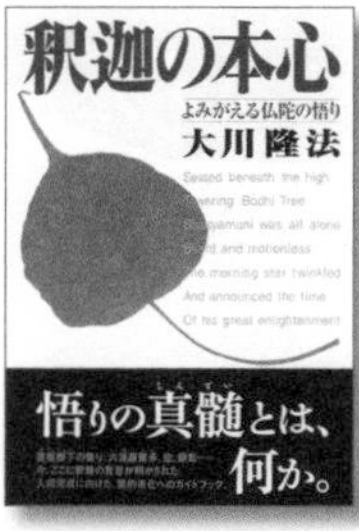

釈尊の出家・成道を再現し、その教えを現代人に分かりやすく書き下ろした仏教思想入門。読者を無限の霊的進化へと導く。

2,000円

永遠の仏陀

不滅の光、いまここに

すべての者よ、無限の向上を目指せ——。大宇宙を創造した久遠仏が、生きとし生ける存在に託された願いとは。

1,800円

幸福の科学出版

大川隆法シリーズ・最新刊

ローマ教皇
フランシスコ守護霊の霊言

コロナ・パンデミックによる
バチカンの苦悶を語る

世界で新型コロナ感染が猛威を振るうなか、バチカンの最高指導者の本心に迫る。救済力の限界への苦悩や、イエス・キリストとの見解の相違が明らかに。

1,400円

P．F．ドラッカー
「未来社会の指針を語る」

時代が要請する「危機のリーダー」とは？ 世界恐慌も経験した「マネジメントの父」ドラッカーが語る、「日本再浮上への提言」と「世界を救う処方箋」。

1,500円

大恐慌時代を
生き抜く知恵

松下幸之助の霊言

政府に頼らず、自分の力でサバイバルせよ！ 幾多の試練をくぐり抜けた経営の神様が、コロナ不況からあなたを護り、会社を護るための知恵を語る。

1,500円

霊界・霊言の証明
について考える

大川咲也加 著

霊や霊界は本当に存在する——。大川隆法総裁の霊的生活を間近で見てきた著者が、「目に見えない世界」への疑問に、豊富な事例をもとに丁寧に答える。

1,400円

※表示価格は本体価格（税別）です。

モナコ国際映画祭2020
最優秀作品賞
（エンジェル・トロフィー賞）
モナコ国際映画祭2020
最優秀主演女優賞
モナコ国際映画祭2020
最優秀助演女優賞
モナコ国際映画祭2020
最優秀VFX賞
ヒューストン国際映画祭2020
長編ファンタジー・ホラー部門
ゴールド賞
エコ国際映画祭2020
inナイジェリア
最優秀作品賞
エコ国際映画祭2020
inナイジェリア
最優秀助演女優賞
心の闇を、打ち破る。
心霊喫茶
「エクストラ」の秘密
—THE REAL EXORCIST—
製作総指揮・原作／大川隆法
千眼美子
伊良子未来 希島凛 日向丈 長谷川奈央 大浦龍宇一 芦川よしみ 折井あゆみ
監督／小田正鏡 脚本／大川咲也加 音楽／水澤有一 製作／幸福の科学出版 製作協力／ARI Production ニュースター・プロダクション
制作プロダクション／ジャンゴフィルム 配給／日活 配給協力／東京テアトル ©2020 IRH Press cafe-extra.jp
2020年5月15日（金）ロードショー

1991年7月15日、東京ドーム。
人類史を変える「歴史的瞬間」が誕生した。
――これは、映画を超えた真実。
夜明けを信じて。
2020年秋 ROADSHOW
製作総指揮・原作 大川隆法
田中宏明 千眼美子 長谷川奈央 芦川よしみ 石橋保
監督／赤羽博 音楽／水澤有一 脚本／大川咲也加 製作／幸福の科学出版 製作協力／ARI Production ニュースター・プロダクション
制作プロダクション／ジャンゴフィルム 配給／日活 配給協力／東京テアトル ©2020 IRH Press

幸福の科学グループのご案内

宗教、教育、政治、出版などの活動を通じて、地球的ユートピアの実現を目指しています。

幸福の科学

一九八六年に立宗。信仰の対象は、地球系霊団の最高大霊、主エル・カンターレ。世界百カ国以上の国々に信者を持ち、全人類救済という尊い使命のもと、信者は、「愛」と「悟り」と「ユートピア建設」の教えの実践、伝道に励んでいます。

（二〇二〇年五月現在）

愛

幸福の科学の「愛」とは、与える愛です。これは、仏教の慈悲《じひ》や布施《ふせ》の精神と同じことです。信者は、仏法真理をお伝えすることを通して、多くの方に幸福な人生を送っていただくための活動に励んでいます。

悟り

「悟り」とは、自らが仏の子であることを知るということです。教学《きょうがく》や精神統一によって心を磨き、智慧《ちえ》を得て悩みを解決すると共に、天使・菩薩《ぼさつ》の境地を目指し、より多くの人を救える力を身につけていきます。

ユートピア建設

私たち人間は、地上に理想世界を建設するという尊い使命を持って生まれてきています。社会の悪を押しとどめ、善を推し進めるために、信者はさまざまな活動に積極的に参加しています。

国内外の世界で貧困や災害、心の病で苦しんでいる人々に対しては、現地メンバーや支援団体と連携して、物心両面にわたり、あらゆる手段で手を差し伸べています。

年間約２万人の自殺者を減らすため、全国各地で街頭キャンペーンを展開しています。

公式サイト **www.withyou-hs.net**

ヘレン・ケラーを理想として活動する、ハンディキャップを持つ方とボランティアの会です。視聴覚障害者、肢体不自由な方々に仏法真理を学んでいただくための、さまざまなサポートをしています。

公式サイト **www.helen-hs.net**

入会のご案内

幸福の科学では、大川隆法総裁が説く仏法真理《ぶっぽうしんり》をもとに、「どうすれば幸福になれるのか、また、他の人を幸福にできるのか」を学び、実践しています。

入会

仏法真理を学んでみたい方へ

大川隆法総裁の教えを信じ、学ぼうとする方なら、どなたでも入会できます。入会された方には、『入会版「正心法語《しょうしんほうご》」』が授与されます。

ネット入会　入会ご希望の方はネットからも入会できます。
happy-science.jp/joinus

三帰《さんき》誓願《せいがん》

信仰をさらに深めたい方へ

仏弟子としてさらに信仰を深めたい方は、仏《ぶっ》・法《ぽう》・僧《そう》の三宝《さんぽう》への帰依を誓う「三帰誓願式」を受けることができます。三帰誓願者には、『仏説・正心法語』『祈願文《きがんもん》①』『祈願文②』『エル・カンターレへの祈り』が授与されます。

幸福の科学 サービスセンター
TEL 03-5793-1727
（受付時間／火～金：10～20時 土・日祝：10～18時（月曜を除く））

幸福の科学 公式サイト
happy-science.jp

ハッピー・サイエンス・ユニバーシティ
Happy Science University

ハッピー・サイエンス・ユニバーシティとは

ハッピー・サイエンス・ユニバーシティ（HSU）は、大川隆法総裁が設立された「現代の松下村塾」であり、「日本発の本格私学」です。
建学の精神として「幸福の探究と新文明の創造」を掲げ、
チャレンジ精神にあふれ、新時代を切り拓く人材の輩出を目指します。

人間幸福学部　経営成功学部　未来産業学部

HSU長生キャンパス TEL **0475-32-7770**
〒299-4325　千葉県長生郡長生村一松丙 4427-1

未来創造学部

HSU未来創造・東京キャンパス
TEL **03-3699-7707**
〒136-0076　東京都江東区南砂2-6-5　公式サイト **happy-science.university**

学校法人 幸福の科学学園

学校法人 幸福の科学学園は、幸福の科学の教育理念のもとにつくられた教育機関です。人間にとって最も大切な宗教教育の導入を通じて精神性を高めながら、ユートピア建設に貢献する人材輩出を目指しています。

幸福の科学学園
中学校・高等学校（那須本校）
2010年4月開校・栃木県那須郡（男女共学・全寮制）
TEL **0287-75-7777** 公式サイト **happy-science.ac.jp**

関西中学校・高等学校（関西校）
2013年4月開校・滋賀県大津市（男女共学・寮及び通学）
TEL **077-573-7774** 公式サイト **kansai.happy-science.ac.jp**

仏法真理塾「サクセスNo.1」

全国に本校・拠点・支部校を展開する、幸福の科学による信仰教育の機関です。小学生・中学生・高校生を対象に、信仰教育・徳育にウエイトを置きつつ、将来、社会人として活躍するための学力養成にも力を注いでいます。

TEL 03-5750-0751（東京本校）

エンゼルプランV TEL 03-5750-0757

幼少時からの心の教育を大切にして、信仰をベースにした幼児教育を行っています。

不登校児支援スクール「ネバー・マインド」 TEL 03-5750-1741

心の面からのアプローチを重視して、不登校の子供たちを支援しています。

ユー・アー・エンゼル！（あなたは天使！）運動

一般社団法人 ユー・アー・エンゼル TEL 03-6426-7797

障害児の不安や悩みに取り組み、ご両親を励まし、勇気づける、障害児支援のボランティア運動を展開しています。

NPO活動支援

いじめから子供を守ろうネットワーク

学校からのいじめ追放を目指し、さまざまな社会提言をしています。また、各地でのシンポジウムや学校への啓発ポスター掲示等に取り組む一般財団法人「いじめから子供を守ろうネットワーク」を支援しています。

公式サイト mamoro.org ブログ blog.mamoro.org

相談窓口 TEL.03-5544-8989

百歳まで生きる会

「百歳まで生きる会」は、生涯現役人生を掲げ、友達づくり、生きがいづくりをめざしている幸福の科学のシニア信者の集まりです。

シニア・プラン21

生涯反省で人生を再生・新生し、希望に満ちた生涯現役人生を生きる仏法真理道場です。定期的に開催される研修には、年齢を問わず、多くの方が参加しています。全世界212カ所（国内197カ所、海外15カ所）で開校中。

【東京校】TEL 03-6384-0778 FAX 03-6384-0779

メール senior-plan@kofuku-no-kagaku.or.jp

幸福実現党

幸福実現党 釈量子サイト shaku-ryoko.net
Twitter 釈量子@shakuryokoで検索

内憂外患《ないゆうがいかん》の国難に立ち向かうべく、2009年5月に幸福実現党を立党しました。創立者である大川隆法党総裁の精神的指導のもと、宗教だけでは解決できない問題に取り組み、幸福を具体化するための力になっています。

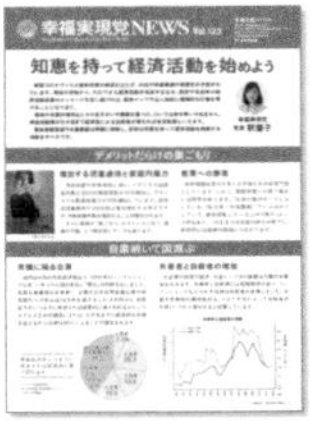

党の機関紙
「幸福実現党NEWS」

出版　メディア　芸能文化　幸福の科学グループ

幸福の科学出版

大川隆法総裁の仏法真理の書を中心に、ビジネス、自己啓発、小説など、さまざまなジャンルの書籍・雑誌を出版しています。他にも、映画事業、文学・学術発展のための振興事業、テレビ・ラジオ番組の提供など、幸福の科学文化を広げる事業を行っています。

アー・ユー・ハッピー？
are-you-happy.com

ザ・リバティ
the-liberty.com

幸福の科学出版
TEL **03-5573-7700**
公式サイト **irhpress.co.jp**

THE FACT

ザ・ファクト
マスコミが報道しない
「事実」を世界に伝える
ネット・オピニオン番組

ザ・ファクト　検索

NEW STAR PRODUCTION

ニュースター・プロダクション

「新時代の美」を創造する芸能プロダクションです。多くの方々に良き感化を与えられるような魅力あふれるタレントを世に送り出すべく、日々、活動しています。 公式サイト **newstarpro.co.jp**

ARI Production

ARI《アリ》 Production《プロダクション》

タレント一人ひとりの個性や魅力を引き出し、「新時代を創造するエンターテインメント」をコンセプトに、世の中に精神的価値のある作品を提供していく芸能プロダクションです。 公式サイト **aripro.co.jp**

大川隆法　講演会のご案内

大川隆法総裁の講演会が全国各地で開催されています。講演のなかでは、毎回、「世界教師」としての立場から、幸福な人生を生きるための心の教えをはじめ、世界各地で起きている宗教対立、紛争、国際政治や経済といった時事問題に対する指針など、日本と世界がさらなる繁栄の未来を実現するための道筋が示されています。

2019 年 12 月17 日 さいたまスーパーアリーナ「新しき繁栄の時代へ」

2019年10月6日 ザ ウェスティン ハーバーキャッスル トロント(カナダ)
「The Reason We Are Here」

2019年7月5日 福岡国際センター
「人生に自信を持て」

2019 年3月3日 グランド ハイアット 台北(台湾)
「愛は憎しみを超えて」

2019 年7月13日 ホテル イースト21 東京
「幸福への論点」

講演会には、どなたでもご参加いただけます。
最新の講演会の開催情報はこちらへ。⟹

大川隆法総裁公式サイト
https://ryuho-okawa.org